Neue Rechte und *Heidentum*

Europäische Hochschulschriften
Publications Universitaires Européennes
European University Studies

Reihe XXXI
Politikwissenschaft

Série XXXI Series XXXI
Sciences politiques
Political Science

Bd./Vol. 525

PETER LANG
Frankfurt am Main · Berlin · Bern · Bruxelles · New York · Oxford · Wien

Miro Jennerjahn

Neue Rechte und *Heidentum*

Zur Funktionalität eines ideologischen Konstrukts

PETER LANG
Europäischer Verlag der Wissenschaften

Bibliografische Information Der Deutschen Bibliothek
Die Deutsche Bibliothek verzeichnet diese Publikation in der
Deutschen Nationalbibliografie; detaillierte bibliografische
Daten sind im Internet über <http://dnb.ddb.de> abrufbar.

Die vorliegende Arbeit wurde von Prof. Zeuner
zur Veröffentlichung empfohlen.

Gedruckt auf alterungsbeständigem,
säurefreiem Papier.

ISSN 0721-3654
ISBN 3-631-54826-5

© Peter Lang GmbH
Europäischer Verlag der Wissenschaften
Frankfurt am Main 2006
Alle Rechte vorbehalten.

Das Werk einschließlich aller seiner Teile ist urheberrechtlich
geschützt. Jede Verwertung außerhalb der engen Grenzen des
Urheberrechtsgesetzes ist ohne Zustimmung des Verlages
unzulässig und strafbar. Das gilt insbesondere für
Vervielfältigungen, Übersetzungen, Mikroverfilmungen und die
Einspeicherung und Verarbeitung in elektronischen Systemen.

Printed in Germany 1 2 3 4 5   7

www.peterlang.de

Danksagung

Diese Untersuchung über das „Heidentum" der Neuen Rechten ist die überarbeitete Fassung meiner im Februar 2005 am Otto-Suhr-Institut der Freien Universität Berlin eingereichten Diplomarbeit im Fachbereich Politikwissenschaft. Überwiegend schlagen sich die Überarbeitungen im ausführlicheren Fußnotenapparat nieder. Die größte Veränderung ist das Kapitel über den neorassistischen Ansatz des Ethnopluralismus. Die ursprünglichen Ausführungen dazu wurden im Zuge der Überarbeitung so stark erweitert, dass nun ein eigenes Kapitel dafür gerechtfertigt erschien. Dass die Arbeit in der ursprünglichen wie auch der nun vorliegenden Form erarbeitet werden konnte, ist auf die tatkräftige Unterstützung verschiedener Personen und Institutionen zurückzuführen. Dennoch sind sämtliche inhaltlichen Mängel ausschließlich von mir zu verantworten. Danken möchte ich:
Meinen Gutachtern Prof. Dr. Bodo Zeuner, der mit seinen kritischen Nachfragen zu meinen Exposés eine systematischere Herangehensweise an das Thema förderte, und Dr. Lars Rensmann, dessen Hinweise in seinem Gutachten wertvolle Anregungen für diese Überarbeitung waren.
Meiner Schwester Gesa Jennerjahn und Lars Bosselmann, die mit viel Geduld meine Textentwürfe gegenlasen, kritisierten und gewissenhaft korrigierten.
Meinem Schwager Hartmut Jennerjahn, der glücklicherweise genug computertechnischen Sachverstand hat, um nicht nur Probleme mit diesen Geräten zu lösen, sondern auch meine diesbezüglichen Unzulänglichkeiten auszugleichen. Den obligatorischen Computerabsturz während des Schreibens der Arbeit überstand ich dadurch mit nur einem kleinen Nervenzusammenbruch.
Meinen Freundinnen und Freunden, die mich jederzeit unterstützten, Verständnis für meine Klausurphasen hatten und diese Perioden der Selbstisolation stets zu den richtigen Zeitpunkten durchbrachen. Besonders danke ich Anne Sander und Elisabeth Mendoza für die Auseinandersetzung mit meinen Thesenpapieren und deren Kommentierung bei den Vorbereitungen auf meine mündlichen Prüfungen.
Dem Berliner Büro der Peter Lang GmbH, Europäischer Verlag der Wissenschaften, insbesondere Dr. Benjamin Kloss, für die hervorragende Betreuung auf dem Weg von der Diplomarbeit zum druckfertigen Manuskript.
Meinen Freundinnen und Freunden vom Netzwerk für Demokratische Kultur in Wurzen. Meine Zeit als Praktikant dort war einerseits ein entscheidender Impuls für die langfristige Auseinandersetzung mit dem Thema Rechtsextremismus und führte gleichzeitig zu der Erkenntnis, dass die Auseinandersetzung mit Gegenstrategien mindestens genauso wichtig ist.

Den (ehemaligen und derzeitigen) Mitarbeiterinnen und Mitarbeitern der Amadeu Antonio Stiftung in Berlin, die mir während meiner Zeit dort viel Arbeit und noch mehr Vertrauen entgegenbrachten.

Dem Netzwerk für Demokratie und Courage, bei dem ich ein längerfristiges Betätigungsfeld für mein zivilgesellschaftliches Engagement gefunden habe.

Dem Informationsdienst gegen Rechtsextremismus (IDGR), der mir von meinen ersten Annäherungen an das Thema Rechtsextremismus bis in die Gegenwart eine zuverlässige Informationsquelle war. Insbesondere danke ich Margret Chatwin, die sofort bereit war, mir die Lexikoneinträge des IDGR über Alain de Benoist und Sigrid Hunke für diese Publikation zur Verfügung zu stellen.

Der größte Dank geht indes an meine Eltern Dagmar und Hartmut Jennerjahn für jahrelange finanzielle und ideelle Unterstützung während des Studiums, die Korrekturen an dieser Arbeit und dass sie mir zu guter Letzt diese Publikation ermöglichten.

Miro Jennerjahn
Berlin, Oktober 2005

Bodo Zeuner

Vorwort zur Arbeit von Miro Jennerjahn

Miro Jennerjahn hat mit dieser aus einer Diplomarbeit am Otto-Suhr-Institut der Freien Universität Berlin hervorgegangenen Untersuchung ein bislang wenig beachtetes Terrain erschlossen. Er beschreibt den Versuch der Neuen Rechten, ihre Ideologie der Ungleichwertigkeit quasi-religiös zu fundieren. Mit dem Bekenntnis zu einem „neuen Heidentum" germanischer bzw. indogermanischer Prägung führen z.b. Alain de Benoist und Sigrid Hunke ältere Traditionen rassistischen Denkens fort: Germanische Mythologien wurden von Houston Stewart Chamberlain und dann von den Nationalsozialisten zu reaktivieren versucht. Auch wenn solches „Heidentum" sich nach 1945 verbal von offenem Antisemitismus abzugrenzen sucht, bleibt seine Zielrichtung eindeutig: Christentum und Judentum werden als Gegenpositionen und Feindbilder modelliert, Werten der liberalen Demokratie und der Gleichwertigkeit aller Menschen wird eine Weltanschauung entgegengesetzt, in der die Höherwertigkeit von Rassen und die völkische Gemeinschaft zentral sind.

Die Neue Rechte als intellektuelle Strömung des europäischen Rechtsextremismus hat von Antonio Gramsci gelernt, dass der Kampf um kulturelle Hegemonie – den sie verschleiernd als „Metapolitik" bezeichnet – politisch bedeutsam, ja für die Etablierung und Konsolidierung von Macht- und Herrschaftsverhältnissen entscheidend sein kann. Das Bemühen um eine metapolitisch-religiöse Fundierung ist Teil dieser politischen Strategie. Ein besonderes Verdienst der Untersuchung von Miro Jennerjahn sehe ich in dem Nachweis, dass diese Fundierung schon deshalb wenig Chancen hat, weil es sich bei dem „neuen Heidentum" um pure Ideologie und nicht um Religion handelt. Eine Religion nämlich, so die Hauptthese des Autors, wirke durch ihre eigene Kraft zur Sinnstiftung und Welterklärung, durch die Fähigkeit, Menschen einen Glauben zu vermitteln, durch ein Angebot der Transzendenz. Eine Ideologie hingegen biete zwar auch Welterklärungen, ziele aber unmittelbar auf politische Konsequenzen und sei daher weltimmanent. Das „neue Heidentum" der Neuen Rechten hat nicht die Fähigkeit zur Glaubensstiftung, und eine eigene Religion – samt entsprechenden Gemeinschaften und Gemeinden – wird auch nicht ernsthaft zu begründen versucht. Das „neue Heidentum" ist reine Ideologie.

Wir dürfen also hoffen, dass der Versuch, rechtsextremes und rassistisches Denken in Europa auch noch religiös zu fundieren, nicht viel Erfolgschancen hat. Gleichwohl erfüllt das Neuheidentum bestimmte Funktionen im ideologischen Diskurs der Neuen Rechten, auf die diese Arbeit aufmerksam macht. Besonders für Menschen, die professionell in der politischen Bildung und der politischen Meinungsbildung tätig sind, enthält Miro Jennerjahns Studie viele wertvolle Denkanstöße.

Berlin, 24. 10. 2005

Bodo Zeuner
Professor für Politikwissenschaft
an der FU Berlin

Inhaltsverzeichnis

Danksagung 5

Prof. Bodo Zeuner: Vorwort zur Arbeit von Miro Jennerjahn.............. 7

1. Einleitung 11
   1.1 Darstellung des Themas 11
   1.2 Aufbau der Arbeit 15
   1.3 Methodik 17

2. Die Neue Rechte als Forschungsgegenstand 21
   2.1 Exkurs: Der Begriff Rechtsextremismus 21
   2.2 Die Neue Rechte in extremismustheoretischer Perspektive 24
   2.3 Die Neue Rechte in ideologietheoretischer Perspektive 26
      2.3.1 Die Neue Rechte als Teil einer rechtsradikalen Bewegung 27
      2.3.2 Vermeidung des Begriffs Rechtsextremismus 30
   2.4 Bewertung der Forschungsansätze und Arbeitsdefinition Neue Rechte 32

3. Dimensionen der Neuen Rechten – Entstehung, Ideologie, Strategie 39
   3.1 Entstehung und Ausformung der Neuen Rechten 39
   3.2 Die ideologischen Vorbilder der Neuen Rechten 43
      3.2.1 Die Konservative Revolution als ideologischer Bezugspunkt...... 43
      3.2.2 Carl Schmitt – Geistiger ‚Ahnherr' der Neuen Rechten 47
   3.3 Ethnopluralismus – Der neorassistische Ansatz der Neuen Rechten ... 50
   3.4 Metapolitik und kulturelle Hegemonie – Der strategische Ansatz 53

4. Das Heidentum der Neuen Rechten 59
   4.1 Grundzüge des neurechten Heidentums 59
      4.1.1 Alain de Benoist 59
      4.1.2 Sigrid Hunke 61
      4.1.3 Bewertung der beiden Ansätze 64

4.2 Verankerung des Heidentums im neurechten Weltbild 66
    4.2.1 Heidentum gegen die Krise der Gegenwart 66
    4.2.2 Fremdes und Eigenes – Heidentum als Identitätsgrundlage 73
    4.2.3 Neurechtes Politik- und Demokratieverständnis und Heidentum. 79

5. Analyse des neurechten Heidentums 83
    5.1 Heidentum: Allgemeines Phänomen oder Sonderfall? 83
    5.2 Die antisemitische Fundierung 87
    5.3 Rassistische Elemente des neurechten Heidentums 92
    5.4 Ideologische Bezugspunkte neurechten Heidentums 95
    5.5 Funktionen des neurechten Heidentums 101

6. Fazit 109

Literatur 117
    Primärliteratur 117
    Sekundärliteratur 119

Anhang 125

Tabelle und Abbildung

Tabelle 1:   Christentum und Heidentum bei Benoist und Hunke 67

Abbildung 1: Funktionsebenen des neurechten Heidentums 108

1. Einleitung

1.1 Darstellung des Themas

Mit der Wahl der sogenannten Neuen Rechten als Untersuchungsgegenstand der Arbeit soll der Blick auf eine intellektuelle Spielart des deutschen Rechtsextremismus gelenkt werden. Zentrales Anliegen dieser Strömung innerhalb des rechten Spektrums ist Ideologiebildung und -verbreitung. Der Begriff Neue Rechte suggeriert dabei eine Geschlossenheit dieser Strömung, die in der Realität nicht gegeben ist. Wie das rechte Spektrum insgesamt stellt sich auch die Neue Rechte als äußerst heterogen dar.[1] Dennoch gibt es Merkmale, die es rechtfertigen, von einem einheitlichen Phänomen zu sprechen. Das Heidentum[2] in der Konstruktion der Neuen Rechten soll in der Arbeit näher untersucht werden, weil sich in ihm zentrale Elemente neurechter Ideologie konzentrieren. Es kann damit als ein Ausdruck des Selbstverständnisses der Neuen Rechten verstanden werden.

Es wird also nach der Funktion gefragt, die Heidentum in der Ideologie der Neuen Rechten einnehmen kann. Die beiden Grundannahmen, die dieser Arbeit zugrunde liegen, lauten folgendermaßen: Erstens ist das Heidentum in der Neuen Rechten nicht primär religiös zu deuten, sondern als Träger politischer Ideologie. Hier verdichten sich die antiegalitären, antiuniversalistischen und antipluralistischen Ideologieelemente der Neuen Rechten. Zweitens ist es ein Beispiel für die Strategie der Neuen Rechten, über scheinbar nicht politische Räume Ideologie zu verbreiten.

---

[1] So geht Woods beispielsweise davon aus, dass es innerhalb der Neuen Rechten keine unangefochtenen Werte gibt, denen nicht von anderen Vertretern dieser Strömung widersprochen würde. Er verdeutlicht diese These daran, wie innerhalb der Neuen Rechten die Themen Kultur, Nationalsozialismus und Nationalismus diskutiert werden. Vgl. Woods, Roger: Die Leiden der jungen Werte. Die Neue Rechte als Kultur und Politik; in: Wolfgang Gessenharter/Thomas Pfeiffer (Hrsg.), Die Neue Rechte – Eine Gefahr für die Demokratie?, Wiesbaden 2004, S. 95 - 105. Die Darstellung der Neuen Rechten als Politik und Kultur folgt Woods gleichlautender Interpretation der Konservativen Revolution. Er zeichnet die Neue Rechte insgesamt als Neuauflage der Konservativen Revolution, deren interne Meinungsverschiedenheiten und variierende Positionen er betont. Für Woods zeigt sich darin die Schwierigkeit beider Strömungen, positive kulturelle Werte als ideologische Grundlage zu artikulieren. Vgl. Woods, Roger: Nation ohne Selbstbewusstsein. Von der Konservativen Revolution zur Neuen Rechten, Baden-Baden 2001, S. 15, 80, 173, 183 und 197. Zur Konservativen Revolution vgl. Kapitel 3.2.1 Die Konservative Revolution als ideologischer Bezugspunkt, S. 43ff.

[2] Die kursive Schreibweise des Wortes Heidentum im Titel der Arbeit soll deutlich machen, dass es sich um eine Eigenbezeichnung durch die Neue Rechte handelt. Im Text wird diese Schreibweise jedoch aus Gründen der besseren Lesbarkeit nicht verwendet.

Religion und Ideologie werden in der Arbeit als Konstrukte verstanden, die eine bestimmte Funktion erfüllen sollen. Beide stellen endgültige und umfassende Ansätze zur Deutung der Welt bzw. einzelner Bereiche zur Verfügung. Beiden ist auch gemein, dass sie sich empirischer Überprüfbarkeit entziehen. Otto Heinrich von der Gablentz definiert Religion kurz: „*Religion ist die Begegnung mit dem Heiligen.*"[3] Anders ausgedrückt ist Transzendenz ein zentrales Element von Religion, d. h. der Glaube an die Existenz höherer Mächte, die subjektiv erfahrbar sein mögen, aber nicht objektiv wahrnehmbar oder nachweisbar sind. Religion ist damit das Bekenntnis zu einem bestimmten Glauben. Sie wird in dieser Arbeit nicht in institutionell-organisatorischer Hinsicht verstanden, sondern als individuelles Bekenntnis. Religion an sich sagt jedoch noch nichts über die politische Gesinnung ihrer Anhänger und Anhängerinnen aus, sie ist zunächst einmal unpolitisch. Politische Werte können sich zwar aus religiösen Motiven speisen, es existiert aber keine zwangsläufige Verbindung zwischen beiden in dem Sinne, dass aus einem bestimmten Glauben immer eine bestimmte politische Weltanschauung folgt.

Ideologie hingegen ist untrennbar mit der politischen Weltanschauung verbunden. Sie soll ein System von Grundeinstellungen und Werten bezeichnen, aus denen sich die politische Weltanschauung zusammensetzt. Die der Weltanschauung zugrunde liegenden Annahmen werden jedoch nicht als individuelle Wahrnehmungen und Deutungen verstanden, sondern als vermeintlich objektive Tatsachen dargestellt, denen eine ‚Natürlichkeit' und damit auch Allgemeingültigkeit zugesprochen wird. Zwar sind Träger von Ideologien letztlich immer Individuen, jedoch weist Minkenberg darauf hin, dass eine politische Ideologie

> „*immer auch eine auf politische Herrschaft bezogene, handlungsrelevante Organisation von Einstellungen um zentrale (politische) Werte*" ist, „*die in ihrem politischen Bezug gleichzeitig eine Rationalisierung von Gruppeninteressen enthält. Das bedeutet, ein einzelner Mensch kann keine Ideologie haben, die nicht interessenmäßig von anderen geteilt wird.*"[4]

Entgegen ihrem Eigenanspruch sind Ideologien somit nicht ‚interessenlos wahr', sondern vielmehr ebenfalls Ausdruck spezifischer auf ein Ziel gerichteter Interessen.

Religion und Ideologie sind damit nicht identische Erscheinungen, auf der anderen Seite aber auch keine einander ausschließenden Kategorien, sondern können sich miteinander vermengen. Dies ist z. B. der Fall, wenn Religion nicht als individuelles Bekenntnis zu einem bestimmten Glauben, sondern als allgemein gültig betrachtet wird und/oder zur Legitimierung von Herrschaft benutzt

---

[3] Gablentz, Otto Heinrich von der: Einführung in die Politische Wissenschaft, Köln/ Opladen 1965, S. 72.
[4] Minkenberg, Michael: Die neue radikale Rechte im Vergleich. USA, Frankreich, Deutschland, Opladen/Wiesbaden 1998, S. 32f.

wird. Ideologie wiederum kann religiöse Züge bekommen, wenn ihre grundlegenden Annahmen als Basis für einen Glauben dienen bzw. transzendentiert werden. Im Hinblick auf die Arbeit hat das folgende Konsequenzen: Heidentum als Religion verstanden wäre der Glaube an eine vorchristliche Götterwelt und das Bekenntnis zu diesen Göttern, wie sie z. B. in den ‚Asen' der nordischen Mythologie zum Ausdruck kommen. Dabei ist jedoch zu beachten, dass die Definition von Heidentum bzw. Neuheidentum schwierig ist. Ursprünglich ein Schimpfwort, das von den christlichen Kirchen auf alle angewandt wurde, die nicht der eigenen Religion angehören, ist der Begriff ‚Heide' zu einer selbstbewusst genutzten Eigenbezeichnung geworden. Heller und Maegerle definieren Neuheidentum als den Glauben an vorchristlich-germanische Gottheiten.[5] Schnurbein hingegen spricht explizit von einem neugermanischen Heidentum[6] und deutet damit an, dass es auch ein Heidentum gibt, das nicht auf ‚germanische' Grundlagen zurückgreift. Neuheidentum soll hier in einem weiteren Rahmen verstanden werden. Es bezeichnet nicht nur vorchristlich-germanische Glaubenssysteme, sondern im europäischen Kontext vorchristliche Glaubenssysteme bzw. deren Konstruktion allgemein. Die Beschreibung neuheidnisch und/oder neugermanisch ist letztlich präziser als die Eigenbezeichnung Heidentum. Letzteres suggeriert, es gebe eine authentische heidnische Religion, die durch das Christentum verdrängt wurde und lediglich wiederbelebt zu werden braucht. Im Gegensatz zu offenbarten Religionen wie z. B. dem Christentum gibt es jedoch keine gemeinsame Bezugsquelle, auf der eine solche Religion aufbauen könnte. Die Ausgestaltung des Glaubens kann sich somit nicht auf Überlieferungen aus vorchristlichen Zeiten stützen, sondern musste und muss erfunden werden.[7] Dennoch wird im Rahmen dieser Arbeit die Eigenbezeichnung Heidentum in Bezug auf die Neue Rechte beibehalten.

Stefanie von Schnurbein kommt in einer Untersuchung über neugermanische heidnische Religionsgruppen zu dem Schluss, dass die meisten dieser Zusammenschlüsse zumindest auch Teile rechtsextremer Ideologie vertreten.[8] Auch wenn Heller und Maegerle zu recht darauf hinweisen, dass diese Form der

---

[5] Vgl. Heller, Friedrich Paul/Maegerle, Anton: Thule. Vom völkischen Okkultismus bis zur Neuen Rechten, 2. Auflage, Stuttgart 1998, S. 200.
[6] Vgl. Schnurbein, Stefanie von: Göttertrost in Wendezeiten. Neugermanisches Heidentum zwischen New Age und Rechtsradikalismus, München 1993.
[7] Auch die Edda ist kein authentisches Zeugnis nordisch-heidnischer Mythologie, da auch deren älteste Bestandteile erst rund zwei Jahrhunderte nach der Christianisierung Islands aufgezeichnet wurden. Einige Hinweise zu erfundenen Elementen in der religiösen Praxis neuheidnischer Gruppen gibt Schnurbein, Stefanie von: Neugermanisch-heidnische Gruppierungen. Zwischen New Age und Rechtsextremismus; in: Richard Faber/Hajo Funke/ Gerhard Schoenberner (Hrsg.), Rechtsextremismus. Ideologie und Gewalt, Berlin 1995, S. 215f.
[8] Vgl. Schnurbein, Göttertrost, a. a. O., S. 10.

Religiosität durch Nationalsozialismus und Faschismus missbraucht und geprägt wurde und das Bekenntnis zu germanischen Gottheiten in ihrer Interpretation somit gleichzeitig ein politisches Bekenntnis darstellt,[9] soll nicht ausgeschlossen werden, dass auch Formen eines neuheidnischen Glaubens ohne rechtsextreme Ideologie und positiven Bezug auf den Nationalsozialismus zumindest theoretisch denkbar wären.

Heidentum als Ideologie verstanden stellt hingegen primär das Bekenntnis zu bestimmten Werten und nicht zu einer wie auch immer gearteten vorchristlichen Götterwelt dar. Wie oben erwähnt, wird dies für das Heidentum der Neuen Rechten angenommen. Das transzendente Element von Religion ist hier nicht zwingender Bestandteil der Weltanschauung. Es speist sich aus der Ablehnung der Idee des Egalitarismus, dessen Grundlagen im Judentum und Christentum gesehen werden.[10] Es stützt sich auf Annahmen wie die ‚natürliche Ungleichheit' der Menschen, wobei Ungleichheit als Ungleichwertigkeit verstanden wird.

Obwohl es mittlerweile zahlreiche Publikationen gibt, die sich mit der Ideologie, der Strategie und dem von der Neuen Rechten ausgehenden Gefahrenpotential beschäftigen,[11] wurde das Thema Heidentum als Ausdruck neurechter Ideologie bisher eher am Rande behandelt.[12] Arbeiten, die explizit Heidentum in Verbindung mit rechter Ideologie zum Gegenstand ihrer Untersuchung machen, beschäftigen sich dabei meist mit dem Thema Rechtsextremismus bzw. Rechtsradikalismus allgemein. Die Annäherung an das Thema findet in der Regel über das Neuheidentum bzw. die Betrachtung neuheidnischer Gruppen statt. Von der Religiosität aus wird dann die politische Ausrichtung solcher Gruppierungen in den Blick genommen. Als Beispiele für diese Vorgehensweise können Stefanie von Schnurbein und Franziska Hundseder genannt werden.[13] Stefanie von Schnurbein merkt zwar im Vorwort ihrer Untersuchung an, dass in der Neuen Rechten das Wort Heide als politischer Kampfbegriff dient,[14] da ihr

---

[9] Vgl. Heller/Maegerle, Thule, a. a. O., S. 177.
[10] Vgl. Benoist, Alain de: Kulturrevolution von rechts. Gramsci und die Nouvelle Droite, Krefeld 1985, S. 144.
[11] Drei aktuelle Publikationen zu diesem Thema sind: Innenministerium des Landes Nordrhein-Westfalen (Hrsg.): Die Kultur als Machtfrage. Die Neue Rechte in Deutschland, Düsseldorf 2003; Gessenharter/Pfeiffer (Hrsg.), a. a. O.; Braun, Stephan/Hörsch, Daniel (Hrsg.): Rechte Netzwerke – eine Gefahr, Wiesbaden 2004.
[12] Ausnahmen sind dabei die beiden folgenden Publikationen, die im Rahmen von Untersuchungen rechtsextremer Mythologie allgemein auch auf die Neue Rechte eingehen: Heller/Maegerle, Thule, a. a. O; Heller, Friedrich Paul/Maegerle, Anton: Die Sprache des Hasses. Rechtsextremismus und völkische Esoterik – Jan van Helsing, Horst Mahler..., Stuttgart 2001.
[13] Schnurbein, Göttertrost, a. a. O.; Hundseder, Franziska: Wotans Jünger. Neuheidnische Gruppen zwischen Esoterik und Rechtsradikalismus, München 1998.
[14] Vgl. Schnurbein, Göttertrost, a. a. O., S. 10.

Fokus aber auf neuheidnischen Religionsgruppen liegt, belässt sie es weitgehend bei dieser Andeutung. Des weiteren existieren eine Reihe von Publikationen, die es sich weniger zur Aufgabe machen, das Neuheidentum zu untersuchen und darzustellen, sondern mit deutlich apologetischem Charakter aus christlicher Perspektive verfasst wurden.[15]

Im Gegensatz dazu soll in der vorliegenden Arbeit die thematische Annäherung von der entgegengesetzten Seite stattfinden. Heidentum wird hier als Ausdruck politischer Ideologie und nicht primär von Religiosität verstanden. Das kann zwar beinhalten, dass religiöse Versatzstücke, wie der Rückgriff auf mythologische Elemente, integriert werden, insgesamt ist es aber als eine Geisteshaltung zu verstehen, in der zentrale Elemente liberaler Demokratieformen abgelehnt werden.

Darüber hinaus kommt dem Heidentum der Neuen Rechten eine weitere Funktion zu. Da der Kern liberaler Demokratie – wie oben schon erwähnt – im jüdisch-christlichen Egalitarismus zu suchen sei,[16] kann es als Versuch verstanden werden, die propagierte Ideologie auf einem dem bestehenden Gesellschaftssystem ebenbürtigen Fundament zu errichten.

1.2 Aufbau der Arbeit

In Kapitel 2 soll zunächst die Neue Rechte als Forschungsgegenstand näher betrachtet werden. Dies erscheint notwendig, weil die Einschätzungen der Neuen Rechten in der wissenschaftlichen Literatur höchst unterschiedlich ausfallen. Die Forschungslandschaft über die Neue Rechte spiegelt gewissermaßen die Heterogenität des Forschungsgegenstandes wider. Aus diesem Grund werden, um zu einer für die Arbeit tauglichen Definition der Neuen Rechten zu gelangen (Kapitel 2.4), zentrale Begrifflichkeiten und Forschungsansätze dargestellt. Insbesondere der Begriff Rechtsextremismus ist im Zusammenhang mit der Neuen Rechten umstritten. Ein Grund liegt in den unterschiedlichen Bedeutungsebenen dieses Begriffs (Kapitel 2.1). Aus dieser unterschiedlichen Verwen-

---

[15] Vgl. Haack, Friedrich-Wilhelm: Wotans Wiederkehr. Blut-, Boden- und Rasse-Religion, München 1981; Haack, Friedrich-Wilhelm: Europas neue Religion. Sekten – Gurus – Satanskult, Freiburg 1993. Haacks Publikationen wurden wegen ihres apologetischen Charakters in die Liste der Primärliteratur aufgenommen, auch wenn im Zuge der Arbeit keine Auseinandersetzung darüber stattfindet, ob Haack zur Neuen Rechten zu zählen ist oder nicht. Ein weiteres Werk, das in diesem Kontext zu nennen ist, verfasste Weißmann, Karlheinz: Druiden, Goden, Weise Frauen. Zurück zu Europas alten Göttern, 2. Auflage, Freiburg 1993. Weißmann ist eindeutig der Neuen Rechten zuzurechnen. Zur Diskussion des Heidentums in der Neuen Rechten vgl. Kapitel 5.1 Heidentum: Allgemeines Phänomen oder Sonderfall?, S. 83ff. in dieser Arbeit.

[16] Vgl. Benoist, Kulturrevolution, a. a. O., S. 144.

dung leiten sich Folgekonflikte ab. So stehen sich in der aktuellen Literatur über die Neue Rechte insbesondere zwei Forschungsansätze gegenüber. Der extremismustheoretische Ansatz (Kapitel 2.2) verortet die Neue Rechte eindeutig im Rechtsextremismus und schreibt ihr aus diesem Grund eine ‚Brückenfunktion' (Pfahl-Traughber) zu. Der zweite Ansatz sieht die Neue Rechte als eine Erscheinungsform rechtsradikaler Ideologie (Kapitel 2.3), wobei Rechtsradikalismus als Bewegung verstanden wird. Der Begriff Rechtsextremismus wird hier bewusst weitgehend vermieden. Vertreter dieses Ansatzes sprechen häufig von einer ‚Scharnierfunktion' (Gessenharter) der Neuen Rechten.

In Kapitel 3 werden nach einer Darstellung der Wurzeln der Neuen Rechten und ihrer Ausformung in der Bundesrepublik Deutschland (Kapitel 3.1) insbesondere einige zentrale ideologische Bezugspunkte (Kapitel 3.2), das neorassistische Konzept des Ethnopluralismus (Kapitel 3.3) und strategische Ansätze (Kapitel 3.4) behandelt, ohne die das Gesamtphänomen Neue Rechte schwer verstehbar ist. In diesem Kapitel wird damit der Rahmen abgesteckt, in dem später das speziellere Thema Heidentum behandelt wird. Bei der Auseinandersetzung mit den ideologischen Grundlagen wird der Schwerpunkt bewusst auf die Konservative Revolution als historischer Bezugspunkt der Neuen Rechten gelegt und hier insbesondere auf Carl Schmitt, da die Ausgestaltung durch die Neue Rechte ausführlicher im Kontext des Heidentums betrachtet wird. Der Zugang über Carl Schmitt erscheint auch deshalb gerechtfertigt, weil Anleihen an dessen Politikverständnis im Rahmen des neurechten Heidentums häufig sichtbar werden. Nicht immer werden diese Anleihen jedoch durch die Neue Rechte auch benannt.

Kapitel 4 nimmt das Heidentum der Neuen Rechten in den Blick. Dabei werden zunächst einige zentrale Grundzüge der beiden maßgeblich an der Ausgestaltung dieses Konstrukts beteiligten Autoren – Alain de Benoist und Sigrid Hunke – vorgestellt (Kapitel 4.1). Anschließend wird die Einbettung des Heidentums in das neurechte Weltbild untersucht (Kapitel 4.2). Zentral für dieses Kapitel ist somit zum einen der Frage, was unter diesem Konstrukt subsumiert wird und zum anderen, wie es sich in das neurechte Weltbild einpasst. Da es hier zunächst um eine Darstellung der Ansätze neurechten Heidentums geht, ist dieses Kapitel überwiegend deskriptiv gehalten.

In Kapitel 5 wird eine Bewertung des untersuchten Materials vorgenommen. In diesem werden nicht nur die expliziten Elemente des neurechten Heidentums, sondern auch ideologieimmanente Bestandteile beleuchtet. Zunächst wird die Verbreitung des neurechten Heidentums innerhalb dieses Spektrums betrachtet (Kapitel 5.1). Des weiteren werden der antisemitische (Kapitel 5.2) und der rassistische (Kapitel 5.3) Gehalt dieses Konstrukts untersucht. Mit der Darstellung der ideologischen Kontinuitätslinien (Kapitel 5.4) wird zunächst der Rückbezug innerhalb dieser Arbeit auf die historischen Vorbilder der Konservativen Revolution hergestellt. Danach wird nach Überschneidungen zu den völkisch religiösen Bewegungen gefragt, die sich ab Ende des 19. Jahrhunderts ausbildeten. Der Schwerpunkt liegt dabei auf dem Rassenideologen Houston Stewart Chamberlain. Anschließend rückt die Frage nach den Funktionen des neurechten Heidentums in den Mittelpunkt der Betrachtung (Kapitel 5.5). Damit wird der Bogen in diesem Kapitel relativ weit geschlagen, die Ausführungen der Kapitel 5.1 bis 5.4 verweisen jedoch in vielen Fällen auch auf die Funktionsebenen des Heidentums.

Kapitel 6 liefert abschließend eine Zusammenfassung der Untersuchungsergebnisse und verweist auf Ansatzpunkte für mögliche weitere Forschungsarbeiten.

1.3 Methodik

Bei der dem empirischen Teil dieser Arbeit in Kapitel 4 und 5 zugrunde gelegten Methode handelt es sich um eine Dokumentenanalyse. Um das Themenfeld Heidentum auch innerhalb der Neuen Rechten einzuschränken, wurden als wichtigste Dokumente Monographien herangezogen, die das Heidentum in den Mittelpunkt der Betrachtungen rücken und es im Gegensatz zum Christentum als die authentische europäische Religion darstellen. Zentral dafür ist die 1982 auf Deutsch im rechtsextremen Grabert-Verlag erschienene Publikation „Heide sein zu einem neuen Anfang" des sowohl für die französische als auch die deutsche Neue Rechte wichtigen Vordenkers Alain de Benoist.[17] Da dieser sich in zentralen theoretischen Aspekten auf Sigrid Hunke bezieht, wurden als zweite wichtige Grundlage deren Bücher „Europas andere Religion" und „Europas eigene Religion" herangezogen, wobei letzteres eine Neuveröffentlichung von ersterem ist.[18] „Europas eigene Religion" wurde ebenfalls im Grabert-

---

[17] Vgl. Benoist, Alain de: Heide sein zu einem neuen Anfang. Die europäische Glaubensalternative, Tübingen 1982. Zur Bedeutung Benoists vgl. Kapitel 3.1 Entstehung und Ausformung der Neuen Rechten, S. 41f.

[18] Vgl. Hunke, Sigrid: Europas andere Religion. Die Überwindung der religiösen Krise, Düsseldorf/Wien 1969; Hunke, Sigrid: Europas eigene Religion. Die Überwindung der religiösen Krise, 2. überarbeitete Auflage, Tübingen 1997. Nach einer stichprobenartigen Prüfung einiger zufällig gewählter Textstellen sowie der ursprünglich „Europas eigene Religion" entnommenen Passagen scheint es sich bei „Europas eigene Religion" um eine textidentische Ausgabe von „Europas andere Religion" zu handeln. Als einzige Abweichung konnte ein vermutlich durch einen Druckfehler verlorengegangener Halbsatz in „Europas eigene Religion" (S. 377) gegenüber „Europas andere Religion" (S. 418) ausgemacht werden. Da „Europas andere Religion" nur schwer verfügbar ist, werden bei den Belegstellen aus diesem Buch zusätzlich die entsprechenden Belegstellen aus „Europas eigene Religion" in Kurzform in Klammern angegeben durch Nennung des Veröffentlichungsjahres und der Seitenzahl, z. B. (1997: 23). Benoist beruft sich in „Heide sein zu einem neuen Anfang" auf beide Bücher, ohne jedoch darauf hinzuweisen, dass es sich um

Verlag publiziert. Da in der Arbeit nur in sehr begrenztem Umfang auf die Hintergründe von Alain de Benoist und Sigrid Hunke eingegangen werden kann, befinden sich Kurzbiographien über beide im Anhang.[19] Diese sind dem Lexikon des Informationsdienstes gegen Rechtsextremismus (IDGR) entnommen, dessen Recherchen ausschließlich im Internet publiziert werden.[20]

Eine grundlegende These dieser Untersuchung lautet, dass es sich beim neurechten Heidentum nicht primär um Religion, sondern um ein ideologisches Konstrukt handelt, das zentrale Elemente der Weltanschauung der Neuen Rechten zusammenfasst und verdichtet. Es ist somit zu erwarten, dass die wesentlichen Grundlagen des Heidentums nicht nur in den bereits benannten Monographien zu finden sind, sondern sich wie ein roter Faden auch durch andere Werke ziehen. Aus diesem Grund wurde das Quellenmaterial um eine Reihe weiterer Monographien und Beiträge zu Sammelbänden beider Autoren erweitert.[21] Des weiteren wurde die Untersuchung in begrenztem Umfang auf das publizistische Umfeld der beiden ausgedehnt. Dies bezieht sich auf zwei Sammelbände des Thule-Seminars, die von Pierre Krebs, einem der Mitbegründer des Thule-Seminars, herausgegeben wurden.[22] Diese Publikationen wurden herangezogen, weil das Thule-Seminar nach seiner Gründung 1980 zunächst einige wichtige Impulse zur Intellektualisierung des deutschen Rechtsextremismus gegeben hat. Das Thule-Seminar besteht zwar nach wie vor, mittlerweile wird dessen Bedeutung aber als gering eingeschätzt.[23] Es ist des weiteren interessant, weil mit ihm versucht wurde, das durch die französische Nouvelle Droite gegebene Vorbild auf Deutschland zu übertragen,[24] so erschien Benoists Werk „Heide sein zu einem neuen Anfang" in der Reihe ‚Thule-Konkret' des Thule-Seminars. Des weiteren war mit Armin Mohler ein wichtiger Akteur der deutschen Neuen Rechten an dessen Gründung beteiligt.[25] Es ist auch die Institution, für die sowohl Benoist

---

textidentische Publikationen handelt. Vgl. Benoist, Heide sein, a. a. O., Fußnote 573, S. 330, Fußnote 595, S. 331 und Fußnote 620, S. 332.

[19] Vgl. Anhang, S. 125ff.
[20] Vgl. http://www.idgr.de
[21] Vgl. dazu die Liste der Primärliteratur auf S. 117ff.
[22] Vgl. Krebs, Pierre (Hrsg.): Das unvergängliche Erbe. Alternativen zum Prinzip der Gleichheit, Tübingen 1981; Krebs, Pierre (Hrsg.): Mut zur Identität. Alternativen zum Prinzip der Gleichheit, Struckum 1988.
[23] Vgl. Pfeiffer, Thomas: Avantgarde und Brücke. Die Neue Rechte aus Sicht des Verfassungsschutzes NRW; in: Pfeiffer/Gessenharter (Hrsg.), a. a. O., S. 62.
[24] Bei der Nouvelle Droite handelt es sich um die französische Neue Rechte, an deren ideologischen und strategischen Ansatzpunkten sich die deutsche Neue Rechte orientiert. Vgl. dazu Kapitel 3.1 Entstehung und Ausformung der Neuen Rechten, S. 41f.
[25] Vgl. Feit, Margret: Die ‚Neue Rechte' in der Bundesrepublik. Organisation – Ideologie – Strategie, Frankfurt am Main/New York 1987, S. 68; vgl. auch Kapitel 3.1 Entstehung und Ausformung der Neuen Rechten, S. 42.

als auch Hunke publizistisch tätig waren, die somit eine unmittelbare Schnittstelle beider darstellt.

Etwas ausgeweitet wurde der Kreis der Dokumente noch einmal in den Kapiteln 5.1 und 5.4. Im ersten Fall handelt es sich um ein Buch des neurechten Theoretikers Karlheinz Weißmann mit dem Titel „Druiden, Goden, Weise Frauen", der nicht der heidnischen Neuen Rechten zugerechnet werden kann.[26] Im zweiten Fall sind dies mit „Die Grundlagen des 19. Jahrhunderts" und „Arische Weltanschauung" zwei Werke Houston Stewart Chamberlains.[27]

Neben diesen Erläuterungen zur Auswahl der Quellen sind noch weitere Hinweise wichtig. Bisweilen wurden Zitate und Erklärungen im Fußnotentext untergebracht. Bei Zitaten ist dies der Fall, wenn sie den eigentlichen Textfluss gestört hätten, sie dienen dann zur Illustration des Gesagten. Handelt es sich dabei um Zitate von Vertretern der Neuen Rechten, soll so ein vertieftes Bild neurechter Argumentationsweisen und Sprachstile vermittelt werden. Die Erläuterungen in Fußnoten beziehen sich oft auf im Text verwendete Termini und beschriebene Sachverhalte, deren Erklärung im Text nicht unmittelbar notwendig erschien, aber ein weitergehendes Verständnis ermöglichen sollen. Beide Elemente dienen damit der Abrundung der Darstellung. Da die Verwendung von Abkürzungen für beispielsweise Institutionen oder Begriffe nur in sehr begrenztem Maße nötig war, wurde auf ein eigenes Abkürzungsverzeichnis verzichtet. Die verwendeten Abkürzungen sind deshalb bei der ersten Nennung in Klammern nach der jeweiligen Institution oder dem Begriff angegeben.

---

[26] Vgl. Weißmann, a. a. O. und Kapitel 5.1 Heidentum: Allgemeines Phänomen oder Sonderfall?, S. 83ff.

[27] Vgl. Chamberlain, Houston Stewart: Die Grundlagen des neunzehnten Jahrhunderts, 16. Auflage der ungekürzten Volksausgabe, zwei Bände, München 1932; Chamberlain, Houston Stewart: Arische Weltanschauung, 2. Auflage München 1912, Reprint der Arbeitsgemeinschaft für Religions- und Weltanschauungsfragen, München 1997.

2. Die Neue Rechte als Forschungsgegenstand

Das Phänomen Neue Rechte ist mittlerweile Gegenstand zahlreicher Untersuchungen. Einigkeit besteht überwiegend über strategische und ideologische Ansatzpunkte sowie strukturelle Merkmale der Neuen Rechten. Dissens herrscht jedoch bei der Frage, ob die Neue Rechte als eine Strömung innerhalb des rechtsextremen Spektrums zu betrachten ist oder ob es sich dabei um ein eigenständiges Element im politischen Spektrum handelt. Bevor in einer relativ groben Differenzierung in extremismustheoretische und ideologietheoretische Zugänge diese Ansätze vorgestellt werden,[28] ist jedoch eine Problematisierung des Begriffs Rechtsextremismus notwendig.

2.1 Exkurs: Der Begriff Rechtsextremismus

In Anlehnung an Stöss lassen sich zwei verschiedene Ansätze zur inhaltlichen Ausgestaltung des Begriffs Rechtsextremismus ausmachen. Er existiert einerseits als Arbeitsbegriff, der von den Verwaltungsbehörden des Verfassungsschutzes verwendet wird, andererseits als sozialwissenschaftlicher Terminus.

Als Verwaltungsbegriff ist Rechtsextremismus eine Ausprägung des allgemeineren Phänomens Extremismus. Der Extremismus existiert dabei nicht als eigenständige Erscheinung, sondern leitet sich als Negation der verfassungsmäßigen Ordnung der Bundesrepublik Deutschland aus der freiheitlich demokratischen Grundordnung (fdGO) ab. Dabei wird das politische Spektrum entlang einer links-rechts-Achse in fünf Bestandteile gegliedert: Linksextremismus, Linksradikalismus, demokratische Mitte, Rechtsradikalismus und Rechtsextremismus. Von diesen fünf Bereichen befinden sich Links- und Rechtsextremismus in Gegnerschaft zum Grundgesetz, die anderen sind durch die fdGO gedeckt. Für die Identifizierung dessen, was verfassungswidrig – in dieser Lesart

---

[28] Eine stärkere Differenzierung der Forschungsansätze nehmen z. B. Mantino und Benthin vor. Mantino macht dabei vier Zugänge aus: Ansätze, die die Neue Rechte als 1. gemeinsames Werk ihrer Wortführer, 2. neofaschistische Bewegung, 3. Rechtsextremismus in neuem Gewand und 4. rechtsradikale Erscheinung definieren. Vgl. Mantino, Susanne: Die ‚Neue Rechte' in der ‚Grauzone' zwischen Rechtsextremismus und Konservatismus. Eine systematische Analyse des Phänomens ‚Neue Rechte', Frankfurt am Main 1992, S. 19 – 29. Benthin systematisiert ebenfalls nach vier analytischen Zugängen zur Erfassung der Neuen Rechten: 1. extremismustheoretische Ansätze, 2. ideologiekritisch an demokratischer politischer Kultur ausgerichtete Ansätze, 3. an der historischen Faschismusanalyse orientierte Ansätze und 4. modernisierungstheoretische Ansätze. Vgl. Benthin, Rainer: Auf dem Weg in die Mitte. Öffentlichkeitsstrategien der Neuen Rechten, Frankfurt am Main 2004, S. 28.

also extremistisch – ist, sind die beiden Parteienverbotsurteile des Bundesverfassungsgerichts gegen die Sozialistische Reichspartei (SRP) von 1952 und die Kommunistische Partei Deutschlands (KPD) von 1956 maßgeblich. Im SRP-Urteil werden acht kennzeichnende Merkmale für die fdGO genannt: Menschenrechte, Volkssouveränität, Gewaltenteilung, Verantwortlichkeit der Regierung, Gesetzmäßigkeit der Verwaltung, Unabhängigkeit der Gerichte, Mehrparteienprinzip sowie Chancengleichheit der Parteien einschließlich Oppositionsfreiheit. Im KPD-Urteil erfolgten weitere Präzisierungen. Demnach ist eine Partei auch dann noch nicht verfassungswidrig, wenn sie diese obersten Prinzipien nicht anerkennt, sie ablehnt oder andere entgegensetzt. Voraussetzung ist vielmehr eine aggresiv-kämpferische Haltung und das planvolle Handeln zur Beseitigung dieser Ordnung. Aus dem Zusammenspiel dieser Faktoren leitet sich der von den Verwaltungsbehörden verwendete Extremismusbegriff ab. Rechtsextremismus ist dabei durch Kriterien wie nationalistisches und rassistisches Gedankengut und die Propagierung einer Volksgemeinschaft gekennzeichnet.[29] Zu beachten ist dabei jedoch, dass der Extremismusbegriff vom Bundesverfassungsgericht selbst nicht verwendet wurde. Laut Backes und Jesse begann sich der Extremismusbegriff ab etwa Mitte der sechziger Jahre durchzusetzen. Seit dem Bericht über das Jahr 1974 wird der Begriff auch vom Verfassungsschutz verwendet.[30] Die Urteile des Bundesverfassungsgerichts sind dabei nicht so zu verstehen, dass es eine Definition von ‚demokratisch' und ‚antidemokratisch' geliefert hat. Zwar sind in Folge der Urteile alle verfassungswidrigen Kräfte notwendigerweise antidemokratisch in dem Sinne, dass sie sich gegen das Modell einer liberalen Demokratie richten. Der Umkehrschluss, dass alle antidemokratischen Kräfte verfassungswidrig sind, ist jedoch nicht möglich, weil zur Ideologie die eben beschriebene aktiv-kämpferische Haltung kommen muss. Das Bundesverfassungsgericht hat somit letztlich den juristischen Rahmen abgesteckt, innerhalb dessen auch antidemokratische Ideen oder Ideologien artikulierbar sind. Solange solche Gedanken nicht die Schwelle zum rechtlich relevanten Bereich überschreiten,

---

[29] Vgl. Stöss, Richard: Rechtsextremismus im vereinten Deutschland, 3. überarbeitete Auflage, Berlin 2000, S. 15ff. und 168. Zur fdGO vgl. auch Neugebauer, Gero: Extremismus – Rechtsextremismus – Linksextremismus: Einige Anmerkungen zu Begriffen, Forschungskonzepten, Forschungsfragen und Forschungsergebnissen; in: Wilfried Schubarth/ Richard Stöss (Hrsg.): Rechtsextremismus in der Bundesrepublik Deutschland. Eine Bilanz, Bonn 2000, S. 14f.

[30] Vgl. Backes, Uwe/Jesse, Eckhard: Politischer Extremismus in der Bundesrepublik Deutschland, vierte überarbeitete und aktualisierte Auflage, Bonn 1996, S. 43.

sind sie kein juristisches Problem, sondern Bestandteil der politischen Auseinandersetzung und der politischen Kultur.[31]

Im sozialwissenschaftlichen Sprachgebrauch ist Rechtsextremismus hingegen nicht gleichbedeutend mit verfassungswidrigen Bestrebungen. Rechtsextremismus beschreibt hier gesellschaftliche Erscheinungsformen, zu deren ideologischen Bestandteilen Autoritarismus, Nationalismus, Fremdenfeindlichkeit, Antisemitismus und Pronazismus zählen, wobei letzterer bei Stöss als Verherrlichung oder Verharmlosung des Nationalsozialismus verstanden wird.[32] Auf einer theoretischen Ebene erscheint die Kategorie Pronazismus insofern problematisch, als dadurch eine starke Verengung von Rechtsextremismus auf den Nationalsozialismus erfolgt und dies zumindest die Gefahr in sich birgt, dass andere Varianten des Rechtsextremismus nicht als solche benannt werden. Dies gilt vor allem dann, wenn rechtsextreme Strömungen untersucht werden, die zeitlich vor dem Nationalsozialismus liegen.

---

[31] Der Begriff politische Kultur hat in der wissenschaftlichen Konzeption keine wertende positiv besetzte Komponente, die per se mit Demokratie in Verbindung gebracht werden könnte, wie sie sich in der nichtwissenschaftlichen Verwendung des Begriffs häufig findet. Aus wissenschaftlicher Sicht hat jede Gesellschaft und jeder Staat eine politische Kultur, die alles umfasst, *„was im Verhalten der Glieder einer Gesellschaft sowie in ihrem Wissen und Bewusstsein mit Politik und dem politischen System zu tun hat."* Sontheimer, Kurt: Deutschlands politische Kultur, 2. Auflage, München 1991, S. 168. Als Wissenschaftszweig geht die politische Kulturforschung maßgeblich auf die US-amerikanischen Wissenschaftler Gabriel Almond und Sidney Verba zurück. Mittlerweile umfasst die politische Kulturforschung ein sehr großes inhaltliches Gebiet. Zentral sind zwei Elemente. Zum einen werden unter politischer Kultur die Einstellungen, Auffassungen und Verhaltensweisen der Bürger gegenüber den politischen Institutionen eines Staates, aber auch dessen Handlungen beschrieben. Vgl. Almond, Gabriel A./Verba, Sidney: The Civic Culture. Political Attitudes and Democracy in Five Nations, Princeton 1963, S. 14. Zum anderen wird damit das politische Bewusstsein der Bevölkerung eines Staates beschrieben und umfasst auch die Traditionen und Besonderheiten des politischen Denkens und Verhaltens einer Nation. Nach Sontheimer fällt darunter *„der ganze Bereich des Geistig-Moralischen und des individuellen und kollektiven Verhaltens in seinem Verhältnis zur Politik sowie zur Geschichte eines Landes."* Sontheimer, Politische Kultur, a. a. O., S. 11. Die politische Kultur bzw. deren Veränderung ist ein zentrales Element im Wirken der Neuen Rechten.

[32] Stöss, Rechtsextremismus im vereinten Deutschland, a. a. O, S. 20ff.

2.2 Die Neue Rechte in extremismustheoretischer Perspektive

Als rechtsextreme Erscheinung wird die Neue Rechte zum einen vom Landesamt für Verfassungsschutz Nordrhein-Westfalen, zum anderen von Armin Pfahl-Traughber aus Sicht der politikwissenschaftlichen Extremismusforschung eingestuft. Für die genannte Verfassungsschutzbehörde ist die Neue Rechte gekennzeichnet durch ihren intellektuellen Anspruch und dabei insbesondere den Bezug auf die Konservative Revolution der Weimarer Republik unter Vermeidung unmittelbar belasteter Vorlagen des Nationalsozialismus. Weitere Einflüsse sind die politischen Ideen von Intellektuellen des italienischen (Julius Evola), englischen (Oswald Mosley) und spanischen (José Antonio Primo de Rivera) Faschismus. In strategischer Hinsicht ist die Neue Rechte darum bemüht, unter Verwendung eines metapolitischen Ansatzes gesellschaftliche Diskurse und Begriffe zu prägen, mit dem Ziel, die kulturelle Hegemonie zu erlangen.[33] Weiterhin handelt es sich bei der Neuen Rechten um eine Strömung, die im Kern antipluralistisch und antiindividualistisch ist, letzteres ist gekennzeichnet durch die Betonung von ethnisch definierten Kollektiven wie Volk und Nation. Der zuvor erwähnte metapolitische Ansatz soll dabei helfen, die Grenze zwischen Demokratie und Rechtsextremismus zu durchstoßen und die eigenen Positionen weiteren Kreisen zu erschließen. Als weiteres kennzeichnendes Merkmal wird die informelle Struktur der Neuen Rechten genannt, die überwiegend in Diskussionsrunden und im Umfeld publizistischer Projekte wirkt.[34] Die Einstufung der Neuen Rechten als Strömung innerhalb des Rechtsextremismus erfolgt dabei auf der Grundlage des gesetzlich definierten Arbeitsfeldes des Verfassungsschutzes. Es müssen bestimmte Voraussetzungen erfüllt sein für das Tätig werden, nämlich Bestrebungen gegen die fdGO bzw. im Falle Nordrhein-Westfalens müssen tatsächliche Anhaltspunkte für den Verdacht verfassungsfeindlicher Bestrebungen vorhanden sein.[35] Laut des nordrhein-westfälischen Verfassungsschutzes ermögliche es die Definition,

„neurechte Gruppen und Personen trennscharf von konservativen zu unterscheiden, die sich noch im demokratischen Spektrum bewegen, möglicherweise aber punktuell mit Extremisten übereinstimmen oder kooperieren."[36]

---

[33] Vgl. Pfeiffer, Avantgarde und Brücke, a. a. O., S. 53f. Zur Bedeutung der Begriffe Metapolitik und kulturelle Hegemonie siehe Kapitel 3.4 Metapolitik und kulturelle Hegemonie – Der strategische Ansatz, S. 53ff.
[34] Vgl. Innenministerium des Landes Nordrhein-Westfalen (Hrsg.), a. a. O., S. 7f. und 12.
[35] Vgl. Pfeiffer, Avantgarde und Brücke, a. a. O., S. 51f.
[36] Vgl. Innenministerium des Landes Nordrhein-Westfalen (Hrsg.), a. a. O., S. 10.

Die Untersuchung der Neuen Rechten durch Armin Pfahl-Traughber erfolgt wie oben schon erwähnt auf Grundlage der Extremismusforschung. Dieser maßgeblich auf Backes und Jesse zurückgehende Forschungszweig entwickelt sein Extremismusverständnis in enger Anlehnung an den in Abschnitt 2.1 skizzierten amtlichen Extremismusbegriff. In der Lesart der Extremismustheorie lässt sich Extremismus und somit auch Rechtsextremismus nicht als eigenständige Erscheinung untersuchen oder definieren. Eine Definition erfolgt hier ex negativo als Ablehnung des demokratischen Verfassungsstaates,[37] der als „*Widerpart des politischen Extremismus*"[38] verstanden wird.

Pfahl-Traughber arbeitet ideologische Grundpositionen der Neuen Rechten heraus, die in einem Spannungsverhältnis zum Grundgesetz stehen. Dazu zählt er den ideologischen Bezug auf die Konservative Revolution, Dezisionismus statt Normativismus, Kollektivismus statt Individualismus, identitäres statt pluralistisches Demokratieverständnis, sowie den ‚Rückruf in die Geschichte' statt politisch-kultureller Westbindung.[39] Auch Pfahl-Traughber verweist neben dem Einfluss der Konservativen Revolution auf die Vorbildfunktion der intellektuellen Vordenker des italienischen Faschismus. Daneben bildet die französische Nouvelle Droite den ideologischen und strategischen Rahmen der Neuen Rechten. Dabei geht es der Neuen Rechten um Diffamierung und Delegitimation des demokratischen Verfassungsstaates u. a. durch Umwertung demokratischer Be-

---

[37] Vgl. Backes/Jesse, a. a. O., S. 45.
[38] Jesse, Eckhard: Formen des politischen Extremismus; in: Bundesministerium des Innern (Hrsg.), Extremismus in Deutschland. Erscheinungsformen und aktuelle Bestandsaufnahme, Berlin 2004, S. 9. Der extremismustheoretische Ansatz wird in der wissenschaftlichen Literatur stark kritisiert. Siehe dazu z. B. Neugebauer, a. a. O., S. 13 und 16ff. und Funke, Hajo: Paranoia und Politik. Rechtsextremismus in der Berliner Republik, Berlin 2002, Fußnote 2, S. 13f. Vgl. auch in dieser Arbeit Kapitel 2.3.2 Vermeidung des Begriffs Rechtsextremismus, S. 30f. und Kapitel 2.4 Bewertung der Forschungsansätze und Arbeitsdefinition Neue Rechte, S. 32ff.
[39] Vgl. Pfahl-Traughber, Armin: ‚Konservative Revolution' und ‚Neue Rechte'. Rechtsextremistische Intellektuelle gegen den demokratischen Verfassungsstaat, Opladen 1998, S. 16. Bei dem Terminus „Rückruf in die Geschichte" handelt es sich um den Titel eines von dem neurechten Theoretiker Weißmann publizierten Buches. Vgl. Weißmann, Karlheinz: Rückruf in die Geschichte. Die deutsche Herausforderung: Alte Gefahren – Neue Chancen, 2. erweiterte Auflage, Berlin und Frankfurt am Main 1993. Die Gegenüberstellung des ‚Rückrufs in die Geschichte' mit der politisch-kulturellen Westbindung deutet eines der zentralen Themen der Neuen Rechten nach der deutschen Wiedervereinigung an, die deutsche Nachkriegsgeschichte als Sonderweg zu bezeichnen, der nach dem Ende der Blockkonfrontation wieder verlassen werden müsse. Zum neurechten Motiv, das sich gegen die politisch-kulturelle Westbindung richtet vgl. auch Funke, Hajo: Brandstifter. Deutschland zwischen Demokratie und völkischem Nationalismus, Göttingen 1993, S. 28ff. Zum Sonderwegdiskurs der Neuen Rechten vgl. auch Fußnote 81 in dieser Arbeit, S. 39.

griffe.[40] Der Demokratiebegriff wird nicht vollständig abgelehnt, stattdessen wird eine identitäre Demokratie postuliert, bei der eine vollständige Einheit zwischen Regierung und Regierten angenommen wird.[41] Aus diesen Elementen leitet Pfahl-Traughber seine Definition der Neuen Rechten ab als Bezeichnung

> „*für eine bestimmte Ideologie oder geistigen* [!] *Strömung des Rechtsextremismus, die sich aus heutiger Sicht in erster Linie an das Gedankengut der Konservativen Revolution anlehnt, also an jene Intellektuellen, die als Vertreter eines ‚antidemokratischen Denkens in der Weimarer Republik' (Kurt Sontheimer) gelten.'"*[42]

Hinter dem von Pfahl-Traughber und dem Landesamt für Verfassungsschutz Nordrhein-Westfalen verwendeten Ansatz steht die Annahme, dass Rechtsextremismus und Konservatismus eindeutig von einander abzugrenzen sind. Die Neue Rechte betreibe nun eine ‚Erosion der Abgrenzung' zum konservativen Spektrum. Pfahl-Traughber beschreibt das Wirken der Neuen Rechten mit einer ‚Brückenfunktion' bzw. er verortet sie in einem ‚Brückenspektrum', da sie versuche, die zwischen Rechtsextremismus und Konservatismus gezogene Trennlinie zu überbrücken. Das Bild der Brücke folgt konsequent der Zuordnung der Neuen Rechten zum Rechtsextremismus in ideologischer Hinsicht. Das Wirken der Neuen Rechten in der politischen Sphäre hingegen finde in einem Zwischenbereich statt.[43]

2.3 Die Neue Rechte in ideologietheoretischer Perspektive

Autoren, welche die Neue Rechte als Bestandteil des Rechtsextremismus betrachten und diejenigen, die ihr eine eigene Stellung zuweisen, unterscheiden sich nicht in der Kennzeichnung der Neuen Rechten anhand äußerer Merkmale. Auch letztere Autorengruppe definiert sie über Kriterien wie den Bezug auf die Konservative Revolution und hier insbesondere Carl Schmitt. Weitere Elemente sind der metapolitische auf Erlangung der kulturellen Hegemonie gerichtete Ansatz, die intellektuelle auf Theoriebildung zielende Ausrichtung und eine diffuse, netzwerkartige Struktur, bestehend aus Zeitschriftenprojekten, Diskussionszirkeln und Einzelpersonen zur Multiplikation neurechten Gedankenguts sowie das Spannungsverhältnis zur Demokratie bzw. die Gegnerschaft zu libera-

---

[40] Vgl. Pfahl-Traughber, ‚Konservative Revolution' und ‚Neue Rechte', a. a. O., S. 20.
[41] Vgl. Pfahl-Traughber, Armin: Die Erben der ‚Konservativen Revolution'. Zur Bedeutung, Definition und Ideologie der ‚Neuen Rechten'; in: Wolfgang Gessenharter/Helmut Fröchling (Hrsg.), Rechtsextremismus und Neue Rechte in Deutschland. Neuvermessung eines politisch-ideologischen Raumes?, Opladen 1998, S. 86.
[42] Pfahl-Traughber, ‚Konservative Revolution' und ‚Neue Rechte', a. a. O., S. 161f.
[43] Vgl. ebd., S. 160; Innenministerium des Landes Nordrhein-Westfalen (Hrsg.), a. a. O., S. 21f.

len Demokratieformen.[44] Ausgehend von diesen Merkmalen wird jedoch nicht nur eine Schnittmenge zum Rechtsextremismus konstatiert, sondern auch ideologisch fließende Übergänge zum Konservatismus.[45] Insbesondere Gessenharter ist dabei ein leidenschaftlicher Verfechter der eigenständigen Position der Neuen Rechten zwischen Rechtsextremismus und Konservatismus.[46] Im Rahmen dieser Eigenständigkeit sieht er eine Schnittmenge zu beiden nicht nur in ideologischer Hinsicht, sondern auch im organisatorischen Bereich. So führt er eine Reihe von Institutionen, Zeitschriften und Verlagen an, in denen sowohl Vertreter der Neuen Rechten, des Rechtsextremismus, aber auch des Konservatismus zu Wort kommen. Diese Zwischenstellung ist es, die Gessenharter von einer Scharnierfunktion der Neuen Rechten sprechen lässt: „*Scharniere trennen sowohl zwei Gegenstände voneinander und verbinden sie beweglich miteinander, als auch stellen sie selbst eigenständige Elemente dar.*"[47] Hinter dem auf den ersten Blick eher marginalen terminologischen Differenz zwischen ‚Brücke' und ‚Scharnier' besteht dennoch ein wichtiger Unterschied. Zwar stellen sowohl ‚Brücken' als auch ‚Scharniere' Bindeglieder dar, jedoch auf sehr unterschiedliche Weise. Während eine Brücke ein Hindernis überwindet, verbindet ein Scharnier zwei Elemente und gehört dabei wesensmäßig zu einem Objekt dazu.

2.3.1 Die Neue Rechte als Teil einer rechtsradikalen Bewegung

Die Interpretation der Neuen Rechten als nicht genuin dem Rechtsextremismus zugehörig erfolgt auf einem grundlegend anderen Analyseraster als beim Verfassungsschutz oder bei Pfahl-Traughber. Der Untersuchungsgegenstand braucht hier nicht vor einer Negativfolie betrachtet zu werden, sondern existiert aus sich selbst heraus. Rechtsextremismus ist damit keine Erscheinung, die erst über den Umweg demokratischer Verfassungsstaat als eine spezifische

---

[44] Vgl. Gessenharter, Wolfgang: Kippt die Republik? Die Neue Rechte und ihre Unterstützung durch Politik und Medien, München 1994, S. 13f. und 58; Gessenharter, Wolfgang: Die Neue intellektuelle Rechte und ihre Unterstützung durch Politik und Medien; in: Braun/Hörsch (Hrsg.), a. a. O., S. 17f.; Gessenharter, Wolfgang: Neue radikale Rechte, intellektuelle Neue Rechte und Rechtsextremismus: Zur theoretischen und empirischen Neuvermessung eines politisch-ideologischen Raumes; in: Gessenharter/Fröchling (Hrsg.), a. a. O., S. 34; Metzger, Hanna-Ruth: Rechtsintellektuelle Offensive. Diskursstrategische Einflüsse auf die politische Kultur der Bundesrepublik Deutschland, Münster 2004, S. 20f.; Schmidt, Friedemann: Die Neue Rechte und die Berliner Republik. Parallel laufende Wege im Normalisierungsdiskurs, Wiesbaden 2001, S. 22f.

[45] Vgl. Gessenharter, Wolfgang: Rechtsextremismus und Neue Rechte in Deutschland – Gefahren für die Republik?; in: Gegenwartskunde. Zeitschrift für Gesellschaft, Wirtschaft, Politik und Bildung, 4/1994, S. 426; Schmidt, a. a. O., S. 25.

[46] Vgl. Gessenharter, Wolfgang: Die intellektuelle Neue Rechte und die neue radikale Rechte in Deutschland; in: Aus Politik und Zeitgeschichte, B9 - 10/1998, S. 20f.

[47] Gessenharter, Rechtsextremismus; in: Gegenwartskunde, a. a. O., S. 426f.

Form von dessen Negation definiert werden kann, sondern ein eigenes Ideologiegebilde, das ohne vorherige Identifikation der fdGO analysierbar ist. Im Grunde handelt es sich um den in Abschnitt 2.1 mit Bezug auf Stöss als sozialwissenschaftlicher Rechtsextremismusbegriff bezeichneten Bereich. Dass von Vertretern des ideologietheoretischen Zugangs überwiegend dem Begriff Rechtsradikalismus der Vorzug gegeben wird, hat seine eigenen Gründe, die in Abschnitt 2.3.2 behandelt werden. Der Begriff Rechtsradikalismus hat in diesem Zusammenhang keine verfassungsrechtliche Konnotation, sondern bezeichnet ein bestimmtes Ideologiegebilde. Somit ist der hier verwandte Rechtsradikalismusbegriff nicht synonym verwendbar mit dem extremismustheoretischen Radikalismusbegriff.

Grundlegend für den ideologietheoretischen thematischen Zugang ist die von Minkenberg 1998 publizierte Vergleichsstudie über die neue radikale Rechte in den USA, Frankreich und Deutschland.[48] Die Untersuchung erfolgt dabei explizit nicht auf einer extremismus- bzw. totalitarismustheoretischen Grundlage eines Gegensatzes von links- und rechtsextrem, sondern über einen ideengeschichtlichen und strukturellen Zugang. Rechtsradikalismus bekommt so den Charakter einer von außen erkennbaren politischen Ideologie.[49] Der Minimaldefinition Minkenbergs nach ist

„Rechtsradikalismus [...] eine politische Ideologie, die im Kern aus einem Mythos in Form eines populistischen und romantischen Ultranationalismus besteht und die sich daher tendenziell gegen die liberale Demokratie und deren zugrunde liegende Werte von Freiheit und Gleichheit sowie die Kategorien von Individualismus und Universalismus richtet."[50]

Minkenberg zu Folge ist die Bedingung des romantischen Ultranationalismus dann erfüllt, *„wenn der voluntaristische und politische Aspekt ausgeblendet"* wird, die *„Nation als ‚Volk' naturalisiert [...] und damit ins Völkische über geht"*,[51] d. h. also einem konstruierten Kollektiv unbedingter Vorrang gegenüber allen anderen Werten und dem Individuum eingeräumt wird. Das Merkmal rechtsextremer Bestrebungen ist für Minkenberg dann gegeben, wenn auf Grundlage dieser Ideologie politische Akteure auf die vollständige oder überwiegende Beseitigung der konstitutionell festgelegten demokratischen Spielregeln unter Verwendung verfassungswidriger Mittel hinarbeiten, wie z. B. Gewalt. Rechtsradikalismus umfasst darüber hinaus gehend auch das politische

---

[48] Vgl. Minkenberg, neue radikale Rechte, a. a. O. In sehr dichter Form finden sich die grundlegenden Gedanken dieses Ansatzes auch bei Minkenberg, Michael: Die Erneuerung der radikalen Rechten in westlichen Demokratien: USA, Frankreich, Deutschland im Vergleich; in: Gessenharter/Fröchling (Hrsg.), a. a. O., S. 253 - 279.
[49] Vgl. Minkenberg, neue radikale Rechte, a. a. O., S. 21.
[50] Ebd., S. 33.
[51] Ebd., S. 41.

Spektrum, das nicht die demokratische Ordnung an sich angreift, sondern „*durch Rückgriff auf den ultranationalistischen Mythos eine Radikalisierung nach rechts und damit eine Revision der Verfassungswirklichkeit bzw. einzelner Normen*" anstrebt.[52] Aus rechtsradikaler Ideologie heraus erfolgt somit keine zwangsläufige Verwerfung des Demokratiebegriffs insgesamt. Es werden keine vordemokratischen Herrschaftsformen wie Monarchie oder Feudalherrschaft angestrebt. Der Gedanke der Volksherrschaft wird durchaus beibehalten. Indem Volk jedoch völkisch interpretiert wird, findet eine folgenreiche inhaltliche Verschiebung des Begriffs Demokratie statt. Aus Volksherrschaft wird völkische Herrschaft, die Demokratie zur Ethnokratie.[53]

Strukturell hat die neue radikale Rechte den Charakter einer Bewegung.[54] Nach Ruch sind soziale Bewegungen durch mehrere Merkmale gekennzeichnet: Sie streben einen sozialen Wandel an; ihre einzelnen Elemente sind durch eine netzwerkartige Struktur verbunden, in der es keine formale Hierarchie mit einer Spitze gibt, von der aus verbindliche Anweisungen für alle zur Bewegung gehörenden Bereiche ausgehen; die Mitarbeit im Rahmen einer sozialen Bewegung ist freiwillig. Der Charakter einer sozialen Bewegung geht dann verloren, wenn es einem Teil bzw. einer Organisation der Bewegung gelingt, Kontrolle über das gesamte Umfeld auszuüben und sie in der Lage ist, sich andere Gruppen und Organisationen einzuverleiben.[55]

„*Werden die angeführten Merkmale zusammengefasst, so lässt sich eine soziale Bewegung definieren als ein auf gewisse Dauer gestelltes und durch kollektive Identität abgestütztes Handlungssystem mobilisierter Netzwerke von Gruppen und Organisationen, welche sozialen Wandel mit Mitteln des Protests – notfalls bis hin zur Gewaltanwendung – herbeiführen, verhindern oder rückgängig machen wollen.*"[56]

Mit dem bewegungstheoretischen Ansatz geht nach Ruch der Vorteil einher, dass eine Betrachtung des Rechtsradikalismus über äußerliche Merkmale wie der Legalität oder Illegalität und parteiförmig oder nicht parteiförmig hinaus ermöglicht wird.[57]

---

[52] Ebd., S. 34.
[53] Vgl. ebd., S. 360f. Beispielhaft für dieses Demokratieverständnis vgl. Benoist, Alain de: Demokratie: Das Problem, Tübingen/Zürich/Paris 1986. Vgl. dazu auch Kapitel 4.2.3 Neurechtes Politik- und Demokratieverständnis und Heidentum, S. 79ff.
[54] Vgl. Minkenberg, neue radikale Rechte, a. a. O., S. 33.
[55] Vgl. Rucht, Dieter: Rechtsradikalismus aus der Perspektive der Bewegungsforschung; in: Thomas Grumke/Bernd Wagner (Hrsg.), Handbuch Rechtsradikalismus. Personen – Organisationen – Netzwerke vom Neonazismus bis in die Mitte der Gesellschaft, Opladen 2002, S. 75ff.
[56] Ebd., S. 77.
[57] Vgl. ebd., S. 84.

Für Gessenharter wird die Neue Rechte im Zusammenspiel dieser Ansätze definierbar als intellektuelle Spielart von Ideologien, die sich auf die Konservative Revolution der Weimarer Republik beziehen, in strategischer Hinsicht kulturelle Hegemonie anstreben und in der französischen Nouvelle Droite ihre Stichwortgeberin und wichtigste Partnerin findet. Die intellektuelle Neue Rechte wird dabei in ihrer Eigenschaft als Bewegungselite als Teil der neuen radikalen Rechten verstanden.[58] In bewegungstheoretischer Perspektive ist eine Bewegung auf Grundlage eines Modells konzentrischer Kreise in vier Ebenen differenzierbar: Bewegungseliten, die in Leitungsfunktionen wie Außenrepräsentation, Organisations- und Koordinationsarbeiten, aber auch Ideologie- und Strategieentwicklung tätig sind; Basisaktivisten mit wenig Einfluss auf die Bewegung als Ganzes, die aber häufig in ehrenamtlichen Funktionen tätig sind; Unterstützer, die nicht kontinuierlich mitarbeiten, aber für einzelne Aktionen mobilisierbar sind; Sympathisanten, die die Bewegung befürworten, sich aber kaum aktiv engagieren.[59] Die Neue Rechte stellt somit nach Benthin keine eigenständige Bewegung dar, sondern nimmt – durch ihre Eigenschaft als Bewegungselite – die Funktion eines Bindeglieds zwischen alten und neuen rechten Bewegungen unter Einschluss des Konservatismus wahr. Sie versucht demnach, eine Vermittlungsaufgabe mit dem Ziel der Neuformierung des gesamten rechten Lagers unter einem nationalen Imperativ zu übernehmen.[60] Damit befindet sich die Neue Rechte im Zentrum der rechtsradikalen Bewegung bzw. gehört zu deren Kern.

2.3.2 Vermeidung des Begriffs Rechtsextremismus

Dass der Begriff Rechtsextremismus als sozialwissenschaftliche Kategorie zur Kennzeichnung der Neuen Rechten weitgehend vermieden wird, hat mehrere Gründe. In einer Art Mainstream-Verständnis wird unter diesem Begriff oft nur das Wiederaufleben des Nationalsozialismus verstanden.[61] Es gibt also im Alltagsverständnis eine weitreichende Verengung in der Wahrnehmung von Rechtsextremismus als nationalsozialistisches Folgeproblem. Antidemokratische Strömungen rechter Prägung wie die Neue Rechte, die den unmittelbaren Bezug auf den Nationalsozialismus bewusst vermeiden, werden durch dieses Begriffsverständnis von vornherein ausgeblendet.

---

[58] Vgl. Gessenharter, Neue radikale Rechte; in: Gessenharter/Fröhling (Hrsg.), a. a. O., S. 34. Für eine systematische Untersuchung der Neuen Rechten als Bewegungselite einer rechtsradikalen Bewegung vgl. v. a. die Untersuchung von Benthin, a. a. O.

[59] Vgl. Pfeiffer, Thomas: Für Volk und Vaterland. Das Mediennetz der Rechten – Presse, Musik, Internet, Berlin 2002, S. 19f.

[60] Vgl. Benthin, a. a. O., S. 96.

[61] Auf diesen Umstand verweist z. B. ein Verfassungsschützer. Vgl. Ferse, Hartmut: Die Neuen Rechten – Herausforderungen für den Rechtsstaat. Essay aus der Sicht eines Verfassungsschützers; in: Gessenharter/Fröhling (Hrsg.), a. a. O., S. 108.

Des weiteren verfügt der Verfassungsschutz über ein weitreichendes Definitionsmonopol für den Extremismusbegriff in der Öffentlichkeit. Die Folge ist, dass nur als rechtsextrem wahrgenommen wird, was in den entsprechenden Kategorien der Verfassungsschutzberichte publiziert wird. Problematisch ist dies, weil die Verfassungsschutzbehörden mit einer rein juristischen Definition von Rechtsextremismus arbeiten. Gessenharter kritisiert daran, dass ein starrer Rechtsbegriff benutzt wird, um ein in strategischer Hinsicht sehr bewegliches Phänomen zu erfassen. Somit werden die Bereiche des rechten Spektrums ausgeblendet, die sich auf eine solche Definition einstellen und unterhalb einer verfassungsrechtlich relevanten Ebene operieren.[62]

Eine ähnliche Verengung ist beim extremismustheoretischen Zugang gegeben. Indem Rechtsextremismus aus der Verfassungsschutzdefinition abgeleitet wird, bekommt die Neue Rechte durch ihre Zuordnung zum Rechtsextremismus den Charakter eines überwiegend juristischen Problems, demgegenüber ideologische Aspekte in den Hintergrund treten.[63] Schwierig ist dies, weil *„einem relativ klar ausgearbeiteten und ausformulierten juristischen Normbereich für ‚Rechtsextremismus' [...] ein eher diffus wirkendes disparates Einstellungs-, Verhaltens- und Organisationsfeld"* gegenübersteht.[64]

Die Autorengruppe, die die Neue Rechte als Teil einer rechtsradikalen Bewegung ansieht, folgt weitgehend der begrifflichen Trennung, die im vorangegangenen Abschnitt 2.3.1 mit Bezug auf Minkenberg skizziert wurde. Rechtsextremismus wird hier als ausdrücklicher Verstoß gegen den verfassungsrechtlichen Normbereich verstanden. Da eine absolute Grenzziehung bei empirischen Analysen nicht möglich erscheint, wird von diesen Autoren für den wissenschaftlichen Kontext der Begriff Rechtsradikalismus bevorzugt.[65]

---

[62] Vgl. Gessenharter, Kippt die Republik?, a. a. O., S. 174 und 179. Zu den Schwierigkeiten, diesem engen Verständnis des Begriffs Rechtsextremismus durch den Verfassungsschutz ein weitreichendes Verständnis von Rechtsextremismus als politisch intendierter Ideologie im Sinne Minkenbergs entgegen zu stellen vgl. Wagner, Bernd: Kulturelle Subversion von rechts in Ost- und Westdeutschland: Zu rechtsextremen Entwicklungen und Strategien; in: Grumke/Wagner (Hrsg.), a. a. O., S. 13.

[63] Vgl. Gessenharter, intellektuelle Neue Rechte; in: Aus Politik und Zeitgeschichte, a. a. O., S. 20ff. und Fußnote 38, S. 25.

[64] Gessenharter, Neue radikale Rechte; in: Gessenharter/Fröchling (Hrsg.), a. a. O., S. 33.

[65] Vgl. Gessenharter, Neue radikale Rechte; in: Gessenharter/Fröchling (Hrsg.), a. a. O., S. 33f.; Metzger, a. a. O., S. 20f.; Minkenberg, neue radikale Rechte, a. a. O., S. 34. Kritik an der Begriffswahl ‚neue radikale Rechte' äußert Rensmann, da hiermit eine weitere Begriffsverwirrung einher gehe und der Terminus ‚Rechtsradikalismus' oft mit dem des ‚Rechtsextremismus' verbunden sei. Rensmann spricht stattdessen von Rechtspopulismus zur Kennzeichnung dieser Strömung. Vgl. Rensmann, Lars: Demokratie und Judenbild. Antisemitismus in der politischen Kultur der Bundesrepublik Deutschland, Wiesbaden 2004 (1. durchgesehener Neudruck 2005), S. 94 und Fußnote 254, S. 94.

2.4 Bewertung der Forschungsansätze und Arbeitsdefinition Neue Rechte

Nach diesem relativ groben Überblick über den Forschungsstand zum Themenkomplex Neue Rechte soll nun eine Verortung der Neuen Rechten im Kontext der Arbeit erfolgen. Die Ablehnung des extremismustheoretischen Zugangs bedarf dabei ebenso der Begründung wie die weitgehende Übernahme des ideologietheoretischen Zugangs, wie ihn Minkenberg erarbeitet hat.

Eine Betrachtung von Rechtsextremismus und speziell der Neuen Rechten unter Verwendung eines juristisch fundierten Verständnisses, das Extremismus nur im Kontext der fdGO zu betrachten vermag, ist für die Arbeit von Verfassungsschutzbehörden durchaus gerechtfertigt. Im Kontext der so genannten streitbaren oder auch wehrhaften Demokratie der Bundesrepublik Deutschland muss es einen juristischen Rahmen geben, anhand dessen deutlich verfassungswidrige Bestrebungen auch offiziell beobachtet und nötigenfalls rechtlich bekämpft werden können.

Ein solches Begriffsverständnis, das das Verhältnis zum demokratischen Verfassungsstaat in den Mittelpunkt rückt, als wissenschaftliche Grundlage zu verwenden, erscheint in mehrfacher Hinsicht problematisch. Da sich dieses Modell nur vor dem Hintergrund der streitbaren Demokratie der Bundesrepublik erklären lässt und diese wiederum ein Produkt aus den Erfahrungen des Nationalsozialismus und des vorangegangenen Scheiterns der Weimarer Republik ist, handelt es sich um ein rein nationales Analysemodell. Nicht alle demokratisch verfassten Staaten haben Elemente einer streitbaren Demokratie und somit die Kennzeichnung eines verfassungswidrigen Bereichs in ihrem Selbstverständnis verankert. Im Grunde lassen sich Strömungen, die nicht im deutschen Kontext zu verorten sind, mit diesem Ansatz von vornherein nicht untersuchen.

Indem Rechtsextremismus nicht aus sich selbst heraus erklärbar ist, sondern nur als Bestrebung, die den demokratischen Verfassungsstaat beseitigen will, gerät die zu Grunde liegende Ideologie aus dem Blick. Durch die Verengung auf einen juristischen Bereich findet gleichzeitig eine Fixierung auf manifeste Formen von Rechtsextremismus statt, latente Formen hingegen werden ausgeblendet. Latent hieße in diesem Zusammenhang nicht nur die Existenz nicht öffentlich gemachter rechtsextremer Einstellungen auf individueller Ebene, sondern auch die Äußerung und politische Betätigung auf Grundlage solcher Ideologieelemente, solange sie unterhalb einer rechtlich relevanten Schwelle bleiben.

Ideologie ist Voraussetzung für Verhalten, aber nicht alle Anhängerinnen und Anhänger rechtsextremer Ideologieelemente übersetzen dies in unmittelbar auf die Beseitigung der Verfassungsordnung gerichtete Bestrebungen. Indem in extremismustheoretischer Perspektive eine Konzentration auf manifesten

Rechtsextremismus erfolgt, wird das restliche in der Latenz verharrende Potential, das noch von der fdGO gedeckt wird, weitgehend ausgeblendet. Das Thema wird dadurch auf einen Randbereich begrenzt und marginalisiert. Damit einher geht die Gefahr, dass eine stillschweigende Gleichsetzung der unterschiedlichen Bereiche ‚demokratisch' und ‚von der fdGO gedeckt' erfolgt. Dass rechtsextreme Ideologieelemente kein Problem einer zu vernachlässigenden Minderheit sind, sondern bis weit in die Mitte der Gesellschaft hinein reichen, wird durch zahlreiche empirische Studien der quantitativen Umfrageforschung belegt.[66] Der Terminus ‚Extremismus der Mitte' soll diesen Umstand beschreiben. Warum eine solche Begrifflichkeit zur Delegitimation des demokratischen Verfassungsstaates führen sollte, wie dies der Extremismustheoretiker Eckhard Jesse unterstellt,[67] wird nicht deutlich. Auch hier zeigt gerade die Auseinandersetzung mit der Neuen Rechten, dass politische Diskurse dieser Strömung nicht von der restlichen Gesellschaft isoliert betrachtet werden können. Insbesondere zur Hochzeit der Neuen Rechten zu Beginn und Mitte der neunziger Jahre lässt sich dies in den Debatten über das Asylrecht und das Nationenverständnis verfolgen.[68]

---

[66] Vgl. dazu Ahlheim, Klaus: Pädagogik mit beschränkter Haftung. Politische Bildung gegen Rechtsextremismus, Schwalbach/Ts. 2001, S. 10ff. Stöss, Rechtsextremismus im vereinten Deutschland, a. a. O., S. 25ff. Die Studien des Bielefelder Instituts für interdisziplinäre Konflikt- und Gewaltforschung unter der Leitung von Wilhelm Heitmeyer zur Erforschung der ‚Gruppenbezogenen Menschenfeindlichkeit' machen einen Anstieg fremdenfeindlicher Einstellungsmuster vor allem bei Personen aus, die sich selbst der politischen Mitte zuordnen. Vgl. Heitmeyer, Wilhelm: Gruppenbezogene Menschenfeindlichkeit. Die theoretische Konzeption und empirische Ergebnisse aus den Jahren 2002, 2003 und 2004; in: Wilhelm Heitmeyer (Hrsg.), Deutsche Zustände Folge 3, Frankfurt am Main 2005, S. 20ff. Über eine rein quantitative Erfassung der gesellschaftlichen Fundierung von Rechtsextremismus geht Funke hinaus, der der Frage nach dem komplexen Wechselspiel zwischen individuellen, gesellschaftlichen und politischen Rahmenbedingungen für Rechtsextremismus insgesamt und rechtsextreme Gewalt im Besonderen nachgeht. Vgl. Funke, Brandsätze, a. a. O.; Funke, Hajo: Rechtsextremismus – Zeitgeist, Politik und Gewalt. Eine Zwischenbilanz; in: Faber/Funke/Schoenberner (Hrsg.), a. a. O., S. 14 – 51. Vgl. im gleichen Sammelband auch die Beiträge von Seidel-Pielen, Eberhard: Vom Judenhaß zum ‚Türkenproblem'. Politischer Umgang mit Rechts; in: Faber/Funke/Schoenberner (Hrsg.), a. a. O., S. 70 – 85 und Lenk, Kurt: Jugendlicher Rechtsextremismus als gesamtdeutsches Problem; in: Faber/Funke/Schoenberner (Hrsg.), a. a. O., S. 86 – 94. Für eine aktuellere Bestandsaufnahme vgl. Funke, Paranoia, a. a. O.

[67] Vgl. Jesse, Formen des politischen Extremismus, a. a. O., S. 20. Für eine nicht polemisch, sondern argumentativ unterfütterte Kritik am Terminus ‚Extremismus der Mitte' bei gleichzeitiger Betonung des antidemokratischen Potentials der politischen Mitte vgl. Kraushaar, Wolfgang: Radikalisierung der Mitte. Auf dem Weg zur Berliner Republik; in: Faber/Funke/Schoenberner (Hrsg.), a. a. O., S. 52 – 69.

[68] Vgl. Gessenharter, Kippt die Republik?, a. a. O. Zum Wechselspiel zwischen Neuer Rechter und dem etablierten politischen Spektrum beim Thema Asyl vgl. Funke, Brandsätze, a. a. O., S. 15ff.; Funke, Paranoia, a. a. O., S. 57ff.; Brinks, Jan Herman: Children of A New Fatherland. Germany's Post-War Right-Wing Politics, London 2000, S. 129 –

Aber auch in der jüngeren Vergangenheit lassen sich Beispiele dafür finden, dass neurechte Diskurselemente in größerem Umfang Eingang in die politische Kultur der Bundesrepublik gefunden haben. Metzger zeichnet dies anhand der Debatten über Goldhagen, die Wehrmachtsausstellung, Walser, das Holocaust-Mahnmal und die Entschädigungsleistungen für Opfer des Nationalsozialismus nach.[69] Ebenso sieht Neaman für das Ende der 90er Jahre eine Situation, in der die Ideen der Neuen Rechten in der politischen Mitte angekommen sind, die dort zu Beginn der 90er Jahre noch eher marginal ausgeprägt waren. Zur Unterstützung seiner These zieht auch Neaman die Debatte über das Holocaust-Mahnmal heran.[70]

In der Verengung der Perspektive auf den demokratischen Verfassungsstaat durch den extremismustheoretischen Ansatz kommt eine etatistische Fixierung zum Vorschein. Demokratie wird überwiegend auf ein formelles Herrschaftssystem reduziert, die gesellschaftliche und individuelle Dimension von Demokratie

---

142. Schmidt führte eine sehr detailreiche Diskursanalyse der Zeitschrift Criticón über die Bedeutung des Nationalismus für die Neue Rechte und deren Versuch durch, Nationalismus zu enttabuisieren, wofür eine umfassende Revision der Deutung des Nationalsozialismus im bundesrepublikanischen Geschichtsverständnis nötig war. Dabei wird deutlich, dass neurechter Diskurs und Normalisierungsdebatte des etablierten politischen Spektrums in Folge der deutschen Wiedervereinigung weitgehend ähnlich verliefen. Vgl. Schmidt, a. a. O. Dieser neurechte völkische Nationalismus ist nach Funke als Abwehrnationalismus konzipiert, mit dem vor allem eine Assoziation mit der NS-Vergangenheit vermieden werden soll und bei dem dafür auf die Methode des Geschichtsrevisionismus zurückgegriffen wird. Damit einher geht ein sekundärer Antisemitismus, der auf die Abwehr der Erinnerung an die Judenvernichtung zielt. Juden werden dabei als ‚Repräsentanten' der moralischen und militärischen Katastrophe der Deutschen identifiziert. Der Mechanismus der Erinnerungsabwehr funktioniert insbesondere durch die Infragestellung ihrer Aussagen und ihrer Existenzberechtigung in Deutschland. Vgl. Funke, Brandsätze, a. a. O., S. 35 und 39f. Als Beispiel für einen solchen Rehabilitierungsversuch des Nationalismus kann der im Ullstein-Verlag erschienene Sammelband „Die selbstbewußte Nation" genannt werden, in dem neben prominenten Personen wie Botho Strauß und Brigitte Seebacher-Brandt auch neurechte Publizisten wie Roland Bubik und Karlheinz Weißmann sowie der Historiker Ernst Nolte zu Wort kamen. Vgl. Schwilk, Heimo/ Schacht, Ulrich (Hrsg.): Die selbstbewußte Nation. ‚Anschwellender Bocksgesang' und weitere Beiträge zu einer deutschen Debatte, Berlin/ Frankfurt am Main 1994.

[69] Vgl. Metzger, a. a. O.
[70] Vgl. Neaman, Elliot Y.: A Dubious Past. Ernst Jünger and the Politics of Literature after Nazism, Berkeley/Los Angeles/London 1999, S. 267. Neamans Jünger-Biographie bietet einen interessanten Einblick in den oftmals distanzlosen Umgang in der Bundesrepublik mit Denkern, die als wichtige ideologische Wegbereiter des Nationalsozialismus betrachtet werden müssen. Vgl. dazu auch Kapitel 3.2 Die ideologischen Vorbilder der Neuen Rechten, 43ff. Für einen allgemeinen Überblick über die Schnittmenge rechtsextremen und konservativen Gedankenguts sowie die politisch-kulturelle Grundstimmung und ihre Anknüpfungspunkte nach rechts nach der deutschen Wiedervereinigung vgl. bei Brinks, a. a. O., S. 91 – 161 den dritten Teil ‚The Right Wing of the United Germany'.

wird ausgeblendet. Das Wirken der Neuen Rechten richtet sich allerdings nicht primär und unmittelbar gegen Demokratie als Herrschaftsform. Ihr Hauptaugenmerk gilt dem gesellschaftlichen und individuellen Fundament liberal verfasster Demokratien, um auf diesem Wege die bereits angeführte von Minkenberg benannte „*Revision der Verfassungswirklichkeit bzw. einzelner Normen*" herbeizuführen.[71] Angriffspunkt der Neuen Rechten ist somit die politische Kultur.

Wegen der genannten Schwächen der Extremismustheorie zur Erfassung der Neuen Rechten wird diese in Anlehnung an Minkenberg in ideologietheoretischer Hinsicht interpretiert. Der ideologische Kern der Neuen Rechten besteht somit aus dem in Abschnitt 2.3.1 beschriebenen Mythos eines populistischen und romantischen Ultranationalismus. Durch diesen Mythos wird die Idee der Nation aus ihrem historischen Entstehungskontext als Antwort auf soziale Veränderungen gelöst, somit nicht als künstliches Gebilde verstanden, sondern naturalisiert und damit entrationalisiert. Wird Nation solchermaßen mythisch überhöht und mit dem ethnisch definierten Volk gleichgesetzt, ist damit auch eine wichtige Voraussetzung für weitere Ideologieelemente wie Rassismus, Antisemitismus und Xenophobie gegeben, die zwar nicht ausschließlich im rechtsextremen Spektrum anzutreffen sind, dort aber zwingend zum ideologischen Kernbestand gehören. Denn mit der Überhöhung des Eigenen erfolgt im Umkehrschluss eine Herabsetzung alles anderen. Gleichzeitig ist das Abgrenzungskriterium des romantischen Ultranationalismus weit genug, um verschiedene ethnische Definitionen von Volk zu subsumieren. So lassen sich darunter Strömungen erfassen, die von existierenden Nationen aus Rückschlüsse ziehen z. B. auf das französische, deutsche oder polnische Volk. Ebenso fallen darunter aber auch Ansätze, die sich bemühen, eine indoeuropäische ‚Ur-Ethnie' nachzuweisen, wie es beispielsweise bei Alain de Benoist der Fall ist,[72] und damit letztlich eine ‚Nation Europa' konstruieren.

Anders als bei Minkenberg und anderen Autoren wird zur Kennzeichnung dieser Ideologie jedoch der Begriff Rechtsextremismus verwendet. Zwar ist dies, wie dargestellt, ein problembehafteter Begriff, das Ausweichen auf die Bezeichnung Rechtsradikalismus löst dieses Problem jedoch nicht umfassend. Auch der Terminus Rechtsradikalismus wird durch Verfassungsschutz und Extremismustheorie genutzt, das Problem der juristischen Prägung der Begriffe wird damit nicht umgangen. Dass ein auf rechtliche Aspekte reduziertes Verständnis von Rechtsextremismus in der Öffentlichkeit weiter verbreitet ist und dort zudem oft mit (neo-)nazistischen Tendenzen gleichgesetzt wird, ist eben-

---

[71] Minkenberg, neue radikale Rechte, a. a. O., S. 34.
[72] So findet sich im ersten Band seiner zweibändigen Abhandlung „Aus rechter Sicht" ein eigenständiges Kapitel ‚Die Welt der Indoeuropäer', dessen Kerngehalt diesen Gedanken widerspiegelt. Vgl. Benoist, Alain de: Aus rechter Sicht. Eine kritische Anthologie zeitgenössischer Ideen, Band 1, Tübingen/Buenos Aires/Montevideo 1983, S. 42 - 54. Vgl. dazu Kapitel 4.2.2 Fremdes und Eigenes – Heidentum als Identitätsgrundlage, S. 73ff.

falls problematisch. Abhilfe wird hier nicht durch die Vermeidung des Begriffs geschaffen, sondern durch Entgegenstellung eines sozialwissenschaftlichen Verständnisses von Rechtsextremismus. Durch die begriffliche Trennung von Rechtsradikalismus zur Kennzeichnung von Ideologie und Rechtsextremismus für ausdrückliche Verstöße gegen den verfassungsrechtlichen Normbereich, droht somit ebenfalls eine Verengung auf die offensichtlichen Formen des Rechtsextremismus. Die von Gessenharter angenommene mehr oder weniger deutlich artikulierte Ablehnung von Gewalt durch die Neue Rechte[73] trifft nur bedingt zu, da Gewalt zentral in der Ideologie der Neuen Rechten verankert ist. So konstatiert bspw. Schmidt:

> *„Die Apologie des Krieges zählt zu den integralen Bestandteilen der neu-rechten Ideologie. Ist die Gewaltperspektive allen rechtsextremen Strömungen zu eigen, so verortet die Neue Rechte zusammen mit ihren Vordenkern der ‚Konservativen Revolution' darüber hinaus im Kampf ein besonderes Moment von Intensität und Vitalität."*[74]

Auch Gessenharter widerspricht sich letztlich selbst, wenn er als wesentlichen ideologischen Bezugspunkt der Neuen Rechten Carl Schmitt und dessen notfalls mit Gewalt zu erzwingenden innergesellschaftlichen Homogenitätsvorstellungen ausmacht.[75] Zudem umfasst Gewalt nicht nur eine physische Komponente, sie kann sich auch in verbaler oder anderer Form zeigen.

Mit der Definition des ideologischen Kernbestandes ist jedoch erst eine notwendige Bedingung für rechtsextreme Strömungen insgesamt benannt. Zur Abgrenzung der Neuen Rechten sind noch einige hinreichende Bedingungen erforderlich. Diese sind in den vorangegangenen Abschnitten bereits angeklungen und beziehen sich auf ideologische, strategische und strukturelle Aspekte. Neben dem notwendigen Merkmal des populistischen und romantischen Ultranationalismus ist die Neue Rechte in ideologischer Hinsicht gekennzeichnet durch ihre intellektuelle, auf die Prägung von Elitendiskursen zielende Ausrichtung und die mittel- oder unmittelbare Bezugnahme auf die Denker der Konservativen Revolution, insbesondere Carl Schmitts, sowie – zumindest in Teilen – die französische Nouvelle Droite. Sie ist insofern antidemokratisch, als sie sich gegen zentrale Werte liberaler Demokratien wie Freiheit und Gleichheit sowie universell geltende Menschenrechte richtet. In strategischer Hinsicht greift die Neue Rechte auf einen metapolitischen Ansatz zurück, d. h. die Einflussnahme im, nach ihrem Verständnis, vorpolitischen Raum zur Erlangung der kulturellen Hegemonie. Ihr Wirken ist somit nicht unmittelbar gegen den demokratisch verfassten Staat gerichtet, sondern mittelbar, indem auf die Verschiebung gesellschaftlich relevanter Wertvorstellungen hingearbeitet wird. Angriffspunkt bildet

---

[73] Vgl. Gessenharter, Rechtsextremismus; in: Gegenwartskunde, a. a. O., S. 426.
[74] Schmidt, a. a. O., S. 115.
[75] Vgl. Gessenharter, Rechtsextremismus; in: Gegenwartskunde, a. a. O., S. 425f.

die politische Kultur, in der in einem allmählichen Prozess den eigenen Wertvorstellungen zur Dominanz verholfen werden soll. Strukturell bildet die Neue Rechte ein heterogenes Netzwerk aus Einzelpersonen, Zeitungen und Zeitschriften sowie Diskussionsrunden und Studienzentren, das nicht immer eindeutig von etablierten Parteien, Medien und Institutionen abzugrenzen ist.

Es wird mitunter infrage gestellt, ob die Bezeichnung Neue Rechte überhaupt angemessen sei, da die zugrunde liegenden Ideen alles andere als neu seien.[76] In der Tat greift die Neue Rechte in vielen Bereichen auf traditionelle Ideologiebestände zurück,[77] dennoch sollte nicht übersehen werden, dass der Begriff ‚neu' nicht absolut, sondern relativ ist. Im Kontext rechtsextremer Ideologie handelt es sich um eine Erneuerungsbewegung. Wie alle rechtsextremen Strömungen ist sie antimodernistisch. Jedoch ist antimodernistisches Gedankengut immer auch Teil einer Modernisierungsprozessen immanenten Gegenbewegung. Im Falle der Neuen Rechten ist das eben nicht einfach das Zurück zum Nationalsozialismus, sondern die Erkenntnis, dass eine bloße Restauration in der geschichtlichen Situation der Bundesrepublik Deutschland als nicht vollständig souveräner Staat Ende der siebziger, Anfang der achtziger Jahre nicht möglich ist und zudem der Nationalsozialismus umfassend in der Bevölkerung diskreditiert ist. Da dies nicht in vollem Umfang für dessen ideologische Grundlagen gilt, werden neue Bezugspunkte gesucht und in der Konservativen Revolution gefunden. Gleichzeitig stellt die Neue Rechte auch eine Reaktion auf gesellschaftliche Prozesse dar, wie sie z. B. in den Protesten der achtundsechziger Bewegung oder Willy Brandts berühmtem Ausspruch ‚Wir wollen mehr Demokratie wagen' zum Ausdruck kommen. Die Neue Rechte ist damit von der Alten Rechten nicht vollständig gelöst. Ihre Erneuerungsleistung liegt eher in programmatischen Überarbeitungen, neuen strategischen Orientierungen und neuen Organisationsformen,[78] oder wie es Feit formuliert:

„Heute jedoch zeigt sich am Beispiel der Neuen Rechten, daß es zu der Möglichkeit, Hitler von seinen Verbrechen zu ‚befreien', noch eine Alternative gibt, nämlich die, rechtsextremes Gedankengut von Hitler zu befreien, indem man völki-

---

[76] Vgl. Ferse, ‚Neue Rechte', a. a. O., S. 107 und Woods, Nation, a. a. O., S. 173f.
[77] Vgl. dazu auch Kapitel 3.2 Die ideologischen Vorbilder der Neuen Rechten, S. 43ff. und Kapitel 5.4 Ideologische Bezugspunkte neurechten Heidentums, S. 95ff.
[78] Vgl. dazu Funke, Rechtsextremismus; in: Faber/Funke/Schoenberner (Hrsg.) a. a. O., Fußnote 1 S. 48. Benthin plädiert dafür, wegen der politisch-ideologischen Kontinuitäten nicht die Neuigkeit dieser Bewegung zu unterschätzen und betont die Notwendigkeit, deren Anpassungs- und Erneuerungsprozesse zu beobachten. Vgl. Benthin, a. a. O., S. 46. Zur Differenzierung Alte und Neue Rechte vgl. Minkenberg, neue radikale Rechte, a. a. O., S. 158; Pfeiffer, Volk und Vaterland, a. a. O., S. 24ff.; Stöss, Rechtsextremismus im vereinten Deutschland, a. a. O., S. 40f.

schen, rassistischen, nationalistischen, antidemokratischen Politikkonzepten eine scheinbar wissenschaftliche Rechtfertigung verschafft."[79]

---

[79] Feit, a. a. O., S. 83.

3. Dimensionen der Neuen Rechten – Entstehung, Ideologie, Strategie

3.1 Entstehung und Ausformung der Neuen Rechten

Die Neue Rechte ist ihrem Selbstverständnis nach eine Gegenbewegung zur entstehenden Neuen Linken, wie sie z. B. durch die achtundsechziger Bewegung und den von ihr geforderten Wertewandel symbolisiert wird. Darüber hinaus sieht sie sich in Opposition zu den Werten der Aufklärung wie auch der Französischen Revolution und deren Schlagworten Freiheit, Gleichheit, Brüderlichkeit.[80] Versinnbildlicht wird dieses Selbstverständnis in einem Essay eines neurechten Autors:

> *"Gemeinsam ist wohl allen 89ern der Wunsch nach dem Aufbrechen verkrusteter Strukturen und Tabus, die seit 1989 erst recht nicht mehr ins politische Leben passen. Wobei allein die Polarisierung zu den 68ern schon den größten Tabubruch darzustellen scheint. Dreht man die Zahl 68 auf den Kopf, erscheint die 89. Die Denkverbote der 68er zu durchbrechen, die von ihnen geschaffene Wirklichkeit in Deutschland umzudrehen, auf den Kopf zu stellen – insofern hat die Zahl 89 Ausstrahlung."*[81]

---

[80] Vgl. Innenministerium des Landes Nordrhein-Westfalen (Hrsg.), a. a. O., S. 14f.

[81] Hauke, Frank: Der rote Faden; in: Roland Bubik (Hrsg.), Wir '89er. Wer wir sind und was wir wollen, Frankfurt am Main/Berlin 1995, S. 53. Bei einem anderen Autor wird die achtundsechziger Bewegung zum Inbegriff für *"zersetzenden, alles durchsetzenden Individualismus und Liberalismus"*. Meier-Bergfeld, Peter: Deutschland und Österreich. Über das Hissen der schwarz-rot-goldenen Flagge in Wien; in: Schwilk/Schacht (Hrsg.), a. a. O., S 207. Als ,89er' bezeichnet sich gewissermaßen die zweite Generation innerhalb der Neuen Rechten. Der Zusammenbruch der Sowjetunion und die deutsche Wiedervereinigung waren wichtige Impulse für die Neue Rechte. Die Topoi Normalisierung, Selbstbewusstsein und Nation rückten ins Zentrum des neurechten Diskurses, die Anschluss an den mainstream-Diskurs der Zeit fanden. Wichtig ist vor allem der Sonderweg-Diskurs der Neuen Rechten, wobei hier nicht das übliche Verständnis vom deutschen Sonderweg als im europäischen Kontext verspätete Nation, die zudem keine Demokratisierung durchläuft, gemeint ist. Vielmehr wurde die deutsche Nachkriegsgeschichte mitsamt BRD und DDR zum von den Alliierten oktroyierten deutschen Sonderweg erklärt, mit der Forderung, diesen nun zu verlassen. Vgl. dazu Schmidt, a. a. O., S. 62 und 184ff. Benthin verweist auf die Bedeutung des Versuchs der Konstruktion einer gemeinsamen Identität durch die Neue Rechte, d. h. eines kollektiven Selbstbewusstseins und der Selbstvergewisserung über gemeinsame Wertvorstellungen, politische Ziele und Leitbilder, da es erklärtes Ziel der Neuen Rechten ist, die Heterogenität und Zersplitterung des rechten Lagers in Deutschland zu überwinden. Die Schaffung einer kollektiven Identität ,89er' soll dabei dem Chiffre ,68', das als Definition der Outgroup fungiert, den wirkungsmächtigen Gegenmythos einer Ingroup entgegenstellen. Vgl. Benthin, a. a. O., S. 113 und 133.

Dennoch sind der Ursprung und die Entwicklung der Neuen Rechten nur schwer darzustellen. Zwar handelt es sich bei den Begriffen Neue Rechte oder auch Junge Rechte um häufig genutzte Eigenbezeichnungen, anders als in der französischen Nouvelle Droite gibt es jedoch keine Organisation, die diese Bewegung symbolisieren würde. Außer der von 1972 bis 1974 existierenden Aktion Neue Rechte (ANR) gab und gibt es keine Organisation, die auch offiziell die Bezeichnung Neue Rechte im Namen führen würde. Wichtig für die Ausbildung der Neuen Rechten ist das Scheitern der Nationaldemokratischen Partei Deutschlands (NPD) bei der Bundestagswahl 1969,[82] das zu einer Zerfaserung des rechten Spektrums führte. Während die Alte Rechte an völkische und deutschnationale Bewegungen der Weimarer Republik und vor allem den Nationalsozialismus anknüpft, bezieht sich die Neue Rechte überwiegend auf die Konservative Revolution der Weimarer Republik. In Abgrenzung zur Alten Rechten und deren als gescheitert betrachteten parlamentarischen Weg, suchte die Neue Rechte des weiteren nach neuen Formen der politischen Betätigung. Nach einer eher kurzen Phase mit öffentlichkeitswirksamen Aktionsformen findet eine Konzentration auf ideologiebildende Ansätze und publizistische Tätigkeit statt, wobei sich eine Vielzahl von Gruppierungen und Netzwerken bildet, die inhaltlich der Neuen Rechten zuzurechnen sind.[83]

Dennoch wäre es falsch, die Wurzeln der Neuen Rechten ausschließlich im organisierten Rechtsextremismus zu suchen. Eine für die spätere Entwicklung der Neuen Rechten zentrale Figur ist der Schweizer Armin Mohler. Sein politisches Wirken in der Bundesrepublik Deutschland begann er in den sechziger Jahren in Vorfeldorganisationen der Christlich Sozialen Union (CSU) und als Redenschreiber von Franz Josef Strauß. Zuvor war er schon ab Mitte der fünfziger Jahre von Paris aus u. a. für ‚Die Zeit' publizistisch tätig.[84] Ab den siebziger Jahren entwickelte er sich zu einem der wichtigsten Vordenker der deutschen Neuen Rechten. Bedeutung für die Neue Rechte erlangt er vor allem durch seine bereits 1950 erschienene Dissertation über die Konservative Revolution in der Weimarer Republik.[85]

---

[82] Gescheitert insofern, als es der NPD nach einer Reihe von Erfolgen bei Landtagswahlen seit ihrer Gründung 1964 bei der Bundestagswahl 1969 nicht gelang, die Fünf-Prozent-Hürde zu überwinden. Dennoch erhielt sie 4,3% der Zweitstimmen.

[83] Vgl. Gessenharter, Kippt die Republik?, a. a. O., S. 43ff. und 54f.; Stöss, Rechtsextremismus im vereinten Deutschland, a. a. O., S. 40f.; Innenministerium des Landes Nordrhein-Westfalen (Hrsg.), a. a. O., S. 15.

[84] Zu Mohlers politischem Wirken in der Bundesrepublik in den sechziger Jahren, bevor er sich eindeutig auf die Neue Rechte zu bewegte vgl. Willms, Thomas: Armin Mohler. Von der CSU zum Neofaschismus, Köln 2004.

[85] Für die Arbeit verwendet wurde folgende Ausgabe: Mohler, Armin: Die konservative Revolution in Deutschland 1918 - 1932. Ein Handbuch, 3. erweiterte Auflage, Darmstadt 1989. In Kenntnis des weiteren Werdegangs Mohlers ist jedoch der apologetische Charakter dieser Untersuchung hervorzuheben. Zur wissenschaftlichen Auseinandersetzung

Darüber hinaus stellt Mohler das Bindeglied zu einer weiteren Wurzel der deutschen Neuen Rechten dar. Denn bei der Neuen Rechten handelt es sich nicht ausschließlich um ein nationales Phänomen, vielmehr knüpft sie an die Nouvelle Droite Frankreichs an. Diese bildet sich 1968 im Wesentlichen mit dem Groupement de recherches et d'etudes pour la civilisation européenne (GRECE – Forschungs- und Studiengruppe für die europäische Zivilisation) aus, deren wichtigste Figur der Mitbegründer des GRECE Alain de Benoist ist. Auf die Nouvelle Droite geht die Wiederentdeckung der Konservativen Revolution als ideologischer Steinbruch für eine sich erneuernde Rechte über den Umweg von Mohlers Dissertation zurück.[86] Mohler wiederum bemühte sich darum, ideologische Ansätze der Nouvelle Droite in der deutschen Neuen Rechten zu verankern, so bekennt er sich zu der von Benoist erarbeiteten Strategie der ‚Kulturrevolution von rechts' und dem zugrunde liegenden metapolitischen Ansatz.[87] Die Verbindungen zwischen Nouvelle Droite und Neuer Rechter sind insbesondere über Benoist bis heute gegeben, der als regelmäßiger Autor der neurechten Wochenzeitung ‚Junge Freiheit' fungiert.[88] Grumke sieht de Benoist und GRECE in der Rolle als Vorreiter und Vorbild für die deutsche intellektuelle Rechte als so wichtig an, dass auch deren Theorielandschaft ohne die Arbeiten Benoists nicht zu verstehen sind.[89]

Minkenberg macht die Gemeinsamkeiten der Neuen Rechten als internationales Phänomen vor allem darin aus, dass sie ihrem Selbstverständnis nach eine Reaktion auf die Bewegung von 1968 bzw. deren Ideen ist, es sich bei der Neu-

---

mit der Konservativen Revolution vgl. z. B. Sontheimer, Kurt: Antidemokratisches Denken in der Weimarer Republik. Die politischen Ideen des deutschen Nationalismus zwischen 1918 und 1933. Studienausgabe mit einem Ergänzungsteil Antidemokratisches Denken in der Bundesrepublik, München 1968; Woods, Nation, a. a. O.

[86] Vgl. Innenministerium des Landes Nordrhein-Westfalen (Hrsg.), a. a. O., S. 16f.

[87] Zur Rolle Mohlers als Mittler zwischen französischer und deutscher Neuer Rechter vgl. Schmidt, a. a. O., S. 38. Bei dem Begriff ‚Kulturrevolution von rechts' handelt es sich um den Titel eines Buches von Alain de Benoist (vgl. dazu Fußnote 10). Zur ‚Kulturrevolution von rechts' und dem metapolitischen Ansatz siehe Kapitel 3.4 Metapolitik und kulturelle Hegemonie – Der strategische Ansatz, S. 53ff.

[88] Zur Bedeutung der ‚Jungen Freiheit' als Bindeglied zwischen Konservatismus und Rechtsextremismus vgl. Dietzsch, Martin u. a.: Nation statt Demokratie. Sein und Design der ‚Jungen Freiheit', Duisburg 2003; Pfeiffer, Thomas: Volk und Vaterland, a. a. O., Kapitel 5 (S. 105 - 143); Puttkammer, Michael: „Jedes Abo eine konservative Revolution". Strategie und Leitlinien der ‚Jungen Freiheit'; in: Gessenharter, Pfeiffer (Hrsg.): a. a. O., S. 211 – 220; Wippermann, Jost: Die ‚Junge Freiheit'. Blockadebrecher der ‚Neuen Rechten'; in: Faber/Funke/Schoenberner (Hrsg.), a. a. O., S. 163 – 177.

[89] Vgl. Grumke, Thomas: Rechtsextreme Vordenker: Diskursbestimmende Organisationen und Personen des deutschen Rechtsextremismus; in: Zentrum Demokratische Kultur (Hrsg.), Volksgemeinschaft gegen McWorld. Rechtsintellektuelle Diskurse zu Globalisierung, Nation und Kultur, Bulletin – Schriftenreihe des Zentrum Demokratische Kultur 3/2003 Berlin 2003, S. 5.

en Rechten praktisch um eine gegenrevolutionäre Bewegung zu multikulturellen, emanzipatorischen und feministischen Gesellschaftskonzepten handelt.[90] In Anlehnung an die Differenzierung der Konservativen Revolution in einen jungkonservativen (z. B. Arthur Moeller van den Bruck, Edgar Julius Jung, Oswald Spengler, Carl Schmitt) und einen nationalrevolutionären Flügel (z. B. Ernst Jünger, Ernst Niekisch), wird eine solche grobe Differenzierung häufig auch bei der Neuen Rechten vorgenommen.[91] Während sich der nationalrevolutionäre Flügel in der Neuen Rechten darum bemüht, eher auf die politische Linke wie z. B. die neuen sozialen Bewegungen einzuwirken, versucht der jungkonservative Flügel die Anbindung an den etablierten Konservatismus bzw. Neokonservatismus zu erreichen und orientiert sich verstärkt an der Nouvelle Droite. So wurde bspw. 1980 in Kassel unter aktiver Beteiligung von Armin Mohler das Thule Seminar als deutscher Ableger von GRECE gegründet.[92]

---

[90] Vgl. Minkenberg, neue radikale Rechte, a. a. O., S. 142.

[91] Der jungkonservative Flügel der Neuen Rechten wird in der Forschungsliteratur auch oft als konservativ-revolutionär oder auch nationalkonservativ bezeichnet. Der Bezeichnung jungkonservativ wird hier der Vorrang gegeben, weil sie auf den gleichnamigen ideologischen Vorgänger in der Konservativen Revolution verweist.

[92] Vgl. Sontheimer, antidemokratisches Denken, a. a. O., S. 15f.; Feit, ‚Neue Rechte', a. a. O., S. 68; Mantino, a. a. O., S. 50ff. Innenministerium des Landes Nordrhein-Westfalen (Hrsg.), a. a. O., S. 53. Abweichend davon: Pfahl-Traughber, ‚Konservative Revolution' und ‚Neue Rechte', a. a. O., S. 13ff., der die Neue Rechte als ‚geistigen Erben' der Konservativen Revolution in der Gegenwart betrachtet, zu letzterer jedoch nur deren jungkonservative Strömung zählt und Stöss, Rechtsextremismus im vereinten Deutschland, a. a. O., S. 40f., der die Neue Rechte ebenfalls in der Tradition der Konservativen Revolution sieht, darunter aber überwiegend den nationalrevolutionären Flügel fasst. Ausführlicher zur Binnendifferenzierung der Neuen Rechten im zeitlichen Ablauf vgl. auch Mantino, a. a. O., S. 38ff. und Brauner-Orthen, Alice: Die Neue Rechte in Deutschland. Antidemokratische und rassistische Tendenzen, Opladen 2001, S. 18ff. Zu anderen Differenzierungen gelangen Diedrichsen und Neaman. Diedrichsen unterscheidet zwischen einer ästhetizistischen und einer etatistischen neuen Rechten, auch wenn Schnittmengen zwischen beiden vorhanden sind. Während letztere insbesondere Carl Schmitt rezipiere, orientiere sich erstere vor allem an Termini wie ‚Revolte', ‚Anarch' und ‚Solitär', die – wie Diedrichsen betont – keine französische, sondern eine deutsche Geschichte haben. Vgl. Diedrichsen, Diedrich: Der Anarch, der Solitär und die Revolte. Rechte Poststrukturalismus-Rezeption in der BRD; in: Faber/Funke/Schoenberner (Hrsg.), a. a. O., S. 241. Neaman unterscheidet anhand von thematischen Schwerpunkten vier Gruppen: 1. Ethnopluralisten (The ‚Ethnopluralists'), die sich an Benoist orientieren; 2. Etatisten (The ‚Etatisten' or Strong State Theorists) mit Vertretern wie Günter Maschke, Hans Dietrich Sander und Bernard Willms; 3. Spirituelle Reaktionäre (‚Spiritual Reactionaries') um Hans Jürgen Syberberg und Botho Strauß; 4. Tabubrecher (‚Taboo Transgressors') wie Ernst Nolte, Andreas Hillgruber, Thomas Nipperdey und Michael Stürmer, die während des sogenannten Historikerstreits wichtige Vertreter geschichtsrevisionistischer Positionen waren. Vgl. Neaman, Dubious Past, a. a. O., S. 255ff.

3.2 Die ideologischen Vorbilder der Neuen Rechten

3.2.1 Die Konservative Revolution als ideologischer Bezugspunkt

Unter dem Begriff Konservative Revolution werden eine Reihe von Intellektuellen zusammengefasst, die in Gegnerschaft zur Weimarer Republik standen. Es handelt sich dabei zunächst um eine Eigenbezeichnung, zum systematischen Sammelbegriff wird dieser Terminus erst nach dem Zweiten Weltkrieg. Wie bei der Neuen Rechten heute, handelt es sich dabei nicht um eine klar abgrenzbare, auf einer geschlossenen Theorie aufbauenden Gruppe, vielmehr stellt sie eine sehr heterogene Sammlung von politischen Ideen dar.[93] Einigendes Band der Konservativen Revolution ist nicht nur die vollständige Ablehnung der Weimarer Republik, die sie mit anderen antidemokratischen nationalistischen Gruppierungen teilte, sondern auch die Abgrenzung von diesen durch Propagierung eines sogenannten neuen Nationalismus. Gegenüber dem alten Nationalismus konservativ-nationalstaatlicher und überwiegend monarchistischer Prägung sahen sich die Vertreter der Konservativen Revolution als Kriegsgeneration, die antidemokratische Gesinnung verbindet sich mit Ablehnung des Wilhelminismus.[94] Dabei verschmilzt das gegen Gleichheit und Freiheit gerichtete Gedankengut mit Großmachtsträumen und umfassendem Sendungsbewusstsein so-

---

[93] Vgl. Innenministerium des Landes Nordrhein-Westfalen (Hrsg.), a. a. O., S. 24; Woods, Nation, a. a. O., S. 13 und 80. Zur ‚Programmlosigkeit' des Konservatismus im Vergleich z. B. zu Liberalismus und Sozialismus, die mit eigenständigen Theorien aufwarten können vgl. Lenk, Kurt: Rechts wo die Mitte ist. Studien zur Ideologie: Rechtsextremismus, Nationalsozialismus, Konservatismus, Baden-Baden 1994, S. 148f.

[94] Vgl. Sontheimer, antidemokratisches Denken, a. a. O., S. 28f. Insbesondere Woods hat die Bedeutung der Kriegserfahrung bzw. die anschließende Deutung des Krieges durch die konservativen Revolutionäre herausgearbeitet. Von diesen dargestellt als kollektives Ereignis, hinter dem das Einzelschicksal zurücktritt und unbedeutend ist, zeigt sich hier der Versuch, angesichts der Niederlage hinter der erfahrenen individuellen Sinnlosigkeit dem Krieg als Ganzes einen Sinn zu verleihen. Krieg wird zum inneren Erlebnis stilisiert, der die besten Eigenschaften wie Mut, Heldentum und Opferbereitschaft hervorrufe. Nicht aus dem Zweck des Krieges wird dessen Sinn abgeleitet, sondern aus dem Mut und dem persönlichen Einsatz des Soldaten selbst auf verlorenem Posten. Die Mystifizierung des Krieges als Selbstzweck hat dabei zwei Funktionen. Zum einen wurde sie durch die damit einhergehende Relativierung moralischer Prinzipien als Schutzschild gegen den befürchteten Einzug als westlich wahrgenommener Werte instrumentalisiert. Zum anderen wurde durch sie der vermeintliche Frontgeist der Soldaten als Grundlage eines ‚deutschen' Sozialismus beschworen, durch der der zu schaffende Staat durch Werte wie Kameradschaft, Brüderlichkeit und Gemeinschaft getragen werden sollte. Vgl. Woods, Nation, a. a. O., S. 8, 36ff., 81ff. und 89. Auch Neaman, Dubious Past, a. a. O., S. 32 und Lenk, Rechts wo..., a. a. O., S. 131.

wie Heilsversprechungen gegenüber den wahrgenommenen Übeln der modernen Gesellschaft.

> *„Die Konservative Revolution versteht sich als eine große und großartige Gegenrevolution, die nichts Geringeres vollbringen wird, als die Spuren der großen Französischen Revolution zu verwischen und neue Werte an ihre Stelle zu setzen. Diese Revolution wird die Auflösung der abendländischen Menschheit verhindern, sie wird eine neue Ordnung, ein neues Ethos, eine neue abendländische Einheit unter deutscher Führung begründen."*[95]

Ideologische Kernbestände der Konservativen Revolution liegen in antirationalistischen, insbesondere gegen Aufklärung und die Ideen der Revolution von 1789 gerichteten Denkansätzen. Daraus resultieren stark antiliberale Positionen, vor allem die Ablehnung von Individualität und Menschenrechten. An Stelle der verhassten parlamentarischen, repräsentativen Demokratie wird ein identitäres Demokratieverständnis postuliert, ein autoritäres Staatsverständnis, das von der Einheit zwischen Führer und organischer Volksgemeinschaft ausgeht und im Rahmen der angenommenen Identität beider als Demokratie bezeichnet wird.[96] Die Gegnerschaft der Konservativen Revolution zur Weimarer Republik resultiert daraus, dass die Weimarer Republik ihre Grundlage in der Freiheit und Gleichheit der Individuen hatte, wohingegen die konservativen Revolutionäre mythisch interpretierte Gemeinschaften wie Reich, Volk und Nation als Ausgangspunkt aller Politik ansahen, deren Gedeihen sich der Einzelne bedingungslos unterzuordnen hatte.[97] Neaman macht in dieser grundlegenden Artikulation des gemeinsamen Feindbildes, wenn auch in unterschiedlichen Ausprägungen formuliert, das kohärente Element konservativ-revolutionärer Ideologie aus.[98]

Insbesondere der Bekämpfung des Liberalismus kommt dabei eine Schlüsselrolle zu. Liberalismus wird hier nicht nur als Ausdruck bestimmter politischer Ideen verstanden. Vielmehr avanciert der Terminus zum politischen Kampfbegriff, der gegen alles und jeden instrumentalisiert wird, der politisch bekämpft wird. Sontheimer konstatiert: *„Im Begriff des Liberalismus war vereinfachend alles getroffen, was für die politische und soziale Welt stand, die man mit entschlossener Radikalität ablehnte."*[99] Antiliberalismus wurde hier zu einem umfassenden Welterklärungsansatz, mit dem jeder noch so komplexe Vorgang unabhängig von jeglicher Realität verständlich gemacht und auf eine klar benennbare Ursache zurückgeführt werden konnte. Auch wenn die Konservative Revolution keine Basis in Form einer politischen Massenorganisation hatte, er-

---

[95] Sontheimer, antidemokratisches Denken, a. a. O., S. 120.
[96] Vgl. Pfahl-Traughber, ‚Konservative Revolution' und ‚Neue Rechte', a. a. O., S. 66 - 79.
[97] Vgl. Innenministerium des Landes Nordrhein-Westfalen (Hrsg.), a. a. O., S. 20.
[98] Vgl. Neaman, Dubious Past, a. a. O., S. 33.
[99] Sontheimer, antidemokratisches Denken, a. a. O., S. 146.

zielten einige ihrer Akteure eine erhebliche publizistische Breitenwirkung.[100] Bedeutung hat die Konservative Revolution somit vor allem als *„Ideenspender für das Gros der nationalistischen Bewegung einschließlich des Nationalsozialismus".*[101]

Die Attraktivität der Konservativen Revolution für die Neue Rechte hat mehrere Gründe. Die Auseinandersetzung mit der eigenen Vergangenheit ist in der Bundesrepublik Deutschland weitgehend auf den Nationalsozialismus beschränkt. Andere antidemokratische Strömungen, deren Wurzeln in der Weimarer Republik und davor liegen, werden weitgehend ignoriert. Ideologische Kernbestände, die auch zu den Grundlagen des Nationalsozialismus gehören, sind jedoch weiterhin akzeptiert, solange eine Distanzierung vom Nationalsozialismus erfolgt.[102] Gerade die Vernachlässigung rechten antidemokratischen Gedankenguts jenseits von eindeutig nationalsozialistischer Ideologie in der Bundesrepublik und die Verfolgung einiger Anhänger der Konservativen Revolution während des Nationalsozialismus machen die Konservative Revolution bis heute zu einer interessanten Bezugsquelle für antidemokratische Akteure der Nachkriegszeit. Wie oben dargestellt, fand eine Systematisierung der Konservativen Revolution ebenfalls erst in der Nachkriegszeit statt. Ausschlaggebend dafür dürfte die 1950 erstmals publizierte Dissertation Armin Mohlers über die Konservative Revolution sein. Im Nachwort zur Erstausgabe heißt es:

„Es gehört zu den unheilvollen Kennzeichen unserer geistigen Lage, daß die Ideen und Bilder der ‚Konservativen Revolution' um ihrer kompromittierenden Nähe zum Nationalsozialismus willen meist nicht unvoreingenommen gerichtet, sondern gleich von vornherein als Ganzes verworfen werden."[103]

Mohler geht es darum, die Konservative Revolution als eigenständige, vom Nationalsozialismus deutlich abgegrenzte Strömung darzustellen. Insgesamt ist seine Dissertation jedoch ein apologetisches Werk, ist Mohler doch darum bemüht, die Konservative Revolution aus ihrer Eigenständigkeit heraus von jeglicher Schuld und Verantwortung als eine ideologische Wegbereiterin für den Nationalsozialismus freizusprechen.

„Die Frage, die sich hier stellen würde, wäre die, wieweit eine Theorie für eine ihr nicht entsprechende Verwirklichung verantwortlich gemacht werden kann. Hinter welcher Frage wiederum die andere steht, ob Geistiges überhaupt für die Erscheinungen der Wirklichkeit haftbar gemacht werden kann, das heißt, ob man

---

[100] Vgl. Innenministerium des Landes Nordrhein-Westfalen (Hrsg.), a. a. O., S. 28; Woods, Nation, a. a. O., S. 9f. und 17.
[101] Sontheimer, antidemokratisches Denken, a. a. O., S. 29.
[102] Vgl. Gessenharter, Kippt die Republik?, a. a. O., S. 42; Schmidt, a. a. O., S. 331.
[103] Mohler, konservative Revolution, a. a. O., S. 167.

die Kategorie der Kausalität verwenden will oder andere, welche man mit ‚Entsprechung', ‚Gleichzeitigkeit' oder ‚Wechselwirkung' umschreiben könnte."[104] Durch die konjunktivische Satzkonstruktion erhält Mohlers Aussage eine weitaus suggestivere Prägung als eine rhetorische Frage, denn die vermeintliche Frage entpuppt sich als Aussage. In diesem Fall bedeutet das: Die Konservative Revolution ist nicht mitverantwortlich für den Nationalsozialismus. Damit soll eine scheinbar wertneutrale und unverfängliche Bezugsquelle für antidemokratisches Denken geschaffen werden.

Sontheimer hat in einer sehr detaillierten Studie über das antidemokratische Denken in der Weimarer Republik die zahlreichen Überschneidungen und Anknüpfungspunkte der verschiedenen antidemokratischen Gruppierungen und Strömungen dieser Richtung herausgearbeitet. In direkter Bezugnahme auf Mohlers Konstruktion der vollständigen Trennung und somit auch Verantwortungslosigkeit von Ideen gegenüber realen Erscheinungen heißt es dort:

„Wer wie die konservativen Revolutionäre politische Forderungen erhob, eine neue Ordnung der Gesellschaft anstrebte, in der Situation der Weimarer Republik aufs kräftigste politisch zu wirken sich bemühte, der kann sich meines Erachtens nicht auf eine von aller politischen Wirklichkeit losgelösten Freiheit und Unverbindlichkeit des Geistes berufen. [...] Sie wollten die liberale Demokratie beseitigen, und das ist ihnen mit Hilfe der antidemokratischen Parteien auch gelungen."[105]

Die Bezugnahme der Neuen Rechten auf die Konservative Revolution findet auf zweifache Weise statt. Zum einen werden zentrale Ideen, insbesondere die antiliberale Ausrichtung, aufgegriffen. Zum anderen wird die Konservative Revolution insgesamt wie auch einzelne Vertreter positiv rezipiert. Nach Einschätzung des Landesamtes für Verfassungsschutz Nordrhein-Westfalen ist der Bezug auf die Konservative Revolution als eines der wenigen konstanten Elemente in der durch Brüche gekennzeichneten Neuen Rechten zu betrachten. Jedoch soll sich in den neunziger Jahren die Bezugnahme von zuvor sehr offen zu eher zurückhaltend und verdeckt gewandelt haben.[106]

---

[104] Ebd., S. 9.
[105] Sontheimer, antidemokratisches Denken, a. a. O., S. 289f. Zum Verhältnis zwischen Konservativer Revolution und Nationalsozialismus vgl. Woods, Nation, a. a. O., S. 142 – 172 und Lenk, Rechts wo..., a. a. O., S. 227 – 233.
[106] Vgl. Innenministerium des Landes Nordrhein-Westfalen (Hrsg.), a. a. O., S. 42. Für eine detaillierte Auseinandersetzung über das Verhältnis beider Bewegungen allgemein vgl. Pfahl-Traughber, ‚Konservative Revolution' und ‚Neue Rechte', a. a. O; Woods, Nation, a. a. O., S. 173 – 198. Zu theoretischen Ansätzen, Wirken und Einfluss auf die Neue Rechte durch einzelne Vertreter der Konservativen Revolution vgl. insbesondere die Jünger-Biographie von Neaman, Dubios Past, a. a. O.; Neaman, Elliot: Ernst Jüngers Wir-

3.2.2 Carl Schmitt – Geistiger ‚Ahnherr' der Neuen Rechten

Von Gessenharter wird immer wieder insbesondere die Bedeutung Carl Schmitts für die Neue Rechte betont, den er als ‚Kronjurist' der Nazis bezeichnet.[107] Zentrale Denkansätze der Neuen Rechten gehen auf Schmitt zurück. Da dieser Einfluss dem Ansatz des Heidentums stark anzumerken ist, sollen hier einige wichtige Elemente von Schmitts Politikverständnis verdeutlicht werden. Zwar ist nicht nur Schmitts Werk „Der Begriff des Politischen"[108] Bezugsquelle, jedoch lassen sich aus der Darstellung von dessen Grundgedanken bereits die Verbindungen zum neurechten Gedankengut verdeutlichen.

Zentral für Schmitts Politikverständnis ist die Unterscheidung von Freund und Feind, wobei der Feind nur deshalb Feind ist, weil er anders, der Fremde ist. Diese Unterscheidung ist nicht auf den privaten Bereich im Sinne von Gegnerschaft zweier Personen bezogen, sondern ausschließlich auf den öffentlichen Bereich. Feindschaft besteht somit zwischen zwei politischen Einheiten, zwei Kollektiven, die immer die reale Möglichkeit eines Krieges in sich birgt, der zwar zu einem nicht immer angewandten, letztlich aber notwendigen Produkt von Feindschaft wird.[109] Maßgebende Einheit ist für Schmitt im Normalfall der souveräne Staat, der deswegen politischen Charakter hat, weil er Freund und Feind definiert und deshalb souverän ist, weil er allein über Krieg und Frieden entscheidet. Aus der immer gegebenen realen Möglichkeit zum Krieg folgt, dass der Staat im Innern Homogenität herstellen muss, um für den Ernstfall bereit zu sein.[110] In der Konsequenz kann es in einem normalen, d. h. befriedeten Staat

---

kung auf die neue Rechte. Zur Aktualität der ‚Konservativen Revolution'; in: Faber/Funke/Schoenberner (Hrsg.), a. a. O., S. 259 – 268; Lenk, Kurt/Meuter, Günter/Otten, Henrique Ricardo: Vordenker der Neuen Rechten, Frankfurt am Main/New York 1997, die kurze Einführungen zu Georges Sorel, Oswald Spengler, Hans Freyer, Carl Schmitt, Martin Heidegger und Ernst Jünger geben; Lenk, Kurt: ‚Volk und Staat'. Strukturwandel politischer Ideologien im 19. und 20. Jahrhundert, Stuttgart/Berlin/Köln/Mainz 1971 das Kapitel zu Sorel (S. 106 – 120); Lenk, Rechts wo..., a. a. O., den Aufsatz zu Oswald Spengler (S. 215 – 225).

[107] Vgl. Gessenharter, Wolfgang: Intellektuelle Strömungen und Vordenker in der deutschen Neuen Radikalen Rechten; in: Grumke/Wagner (Hrsg.), a. a. O., S. 193. Zur Bedeutung Schmitts für die Neue Rechte vgl. auch Gessenharter: Kippt die Republik?, a. a. O., S. 76; Gessenharter: Rechtsextremismus und Neue Rechte; in: Gegenwartskunde, a. a. O., S. 425f.; Gessenharter, Wolfgang: Im Spannungsfeld. Intellektuelle Neue Rechte und demokratische Verfassung; in: Gessenharter/Pfeiffer (Hrsg.), a. a. O., S. 37; Allgemein zu Schmitt auch Lenk, ‚Volk und Staat', a. a. O., S. 120 – 131; Lenk/Meuter/Otten, a. a. O., S. 83 – 108.

[108] Hier verwendete Ausgabe: Schmitt, Carl: Der Begriff des Politischen. Text von 1932 mit einem Vorwort und drei Corollarien, 7. Auflage, Berlin 2002 (5. Nachdruck der Ausgabe von 1963).

[109] Vgl. ebd., S. 26ff.

[110] Vgl. ebd., S. 40ff.

keine Politik geben, weil es keine Feinde mehr gibt.[111] Politik ist somit im Sinne Schmitts eine zwischenstaatliche und damit außenpolitische Kategorie. Eine Abweichung davon gibt es nur in Zeiten eines Bürgerkrieges, wenn der Staat als in sich befriedete, territorial in sich geschlossene und für den Feind undurchdringliche politische Einheit nicht mehr besteht.[112] Da der Staat überhaupt erst das Volk durch die von ihm geschaffene politische Einheit hervorbringt, ist auch ein Volk nur als politische Einheit denkbar, Staat und Volk bilden eine organische Einheit. Die Identität von Volk und Staat wird von Schmitt nicht explizit genannt, sie ergibt sich aber letztlich daraus, dass er ‚Volk' nur in der Sphäre des Politischen existieren lässt, das heißt bei Schmitt, dass das Volk selbst über Freund und Feind bestimmt.[113] Weil der Feind bei Schmitt als der Andere, Fremde definiert ist und es somit immer mindestens zwei Staaten geben muss, kann es auch keine universelle Kategorie Menschheit geben. Da dieser Begriff die Definition eines Feindes ausschließe, weil auch der Feind nicht aufhört Mensch zu sein, sei dies kein politischer Begriff, dem auch keine politische Einheit und kein Status entspreche. Der einzelne Mensch kann somit nur in seinem Volk und Staat existieren. Zu Menschen außerhalb des eigenen Staates, die wiederum nur in ihrem Volk und Staat existieren können, kann es kein einigendes Element geben, es gibt nur – über den Umweg Staat/Volk – Feindschaft.[114]

Das oben skizzierte Politikverständnis gilt für den Normalfall, wenn der Staat das politische Monopol und entweder keine Gesellschaft als Gegenspieler hat, laut Schmitt war dies im 18. Jahrhundert der Fall, oder wenn – wie aus Schmitts Sicht im Deutschland des 19. und 20. Jahrhunderts – der Staat über der Gesellschaft steht. Die Gegenwart jedoch sei gekennzeichnet durch den Verlust des Politischen und damit Staatlichen, verantwortet durch demokratisch organisierte Gemeinwesen.[115]

Schmitt sieht sein Politikverständnis nicht bloß als einen Denkansatz neben anderen, sondern er ist für ihn der einzig gültige. Schmitt verabsolutiert sein eigenes Politikverständnis, wenn er voraussetzt, *„daß alle echten politischen Theorien den Menschen als ‚böse' voraussetzen".*[116] Damit verbleibt Schmitt nicht auf der Ebene der Erörterung seines Politikbegriffs. „Der Begriff des Politischen" ist Darstellung und Anwendung gleichermaßen. Er ist sowohl innerstaatliche Feinderklärung gegen das politische System der Weimarer Republik als auch darüber hinaus gehend gegen dessen Grundlagen, den politischen

---

[111] Schmitt sieht eine solche Situation für die europäischen Staaten in der Zeit nach den großen konfessionellen Kriegen gegeben. Seine Schlussfolgerung: *„Im innern eines solchen Staates gab es tatsächlich nur Polizei und nicht mehr Politik."* Ebd., S. 10.
[112] Vgl. ebd., S. 47.
[113] Vgl. ebd., S. 50.
[114] Vgl. ebd., S. 55.
[115] Vgl. ebd., S. 24.
[116] Ebd., S. 61.

Liberalismus und damit allen Staaten gegenüber, deren Aufbau auf dem politischen Liberalismus entstammenden Ideen basiert. Die bereits benannte Ablehnung gesellschaftlichen Pluralismus und einer naturrechtlich fundierten Kategorie Menschheit sind Ausdruck dessen. Auch unmittelbare Angriffe gegen den politischen Liberalismus lassen sich finden, so etwa der Vorwurf, es handele sich dabei weder um eine Staatstheorie noch eine politische Idee,[117] vielmehr denaturiere der Liberalismus alle politischen Vorstellungen, denn die mit ihm verbundene Betonung des Individualismus bedeute zwangsläufig auch eine Entpolitisierung.[118]

Schmitts Denken ist durch den Versuch geprägt, durch dichotome Kategorien endgültige und eindeutige Erklärungsansätze zu liefern. Politik ist nach Schmitt nur durch die Unterscheidung von Freund und Feind – oder gar nicht; Staat ist nur als politische Einheit – oder gar nicht; Volk ist nur in Identität mit Staat und somit notwendigerweise homogen – oder gar nicht. Die zentralen Elemente neben der Freund-Feind-Unterscheidung liegen im Antiliberalismus, Antiuniversalismus und Antipluralismus, wobei sich die beiden letzten Kategorien wesentlich aus dem antiliberalen Fundament ableiten.

Gessnharter macht acht Kernthemen der Neuen Rechten aus: Freund-Feind-Denken, Homogenitätserzwingung nach Innen, Vorrang des Kollektivs vor dem Individuum, autoritärer Etatismus, Antiuniversalismus, Ethnopluralismus, elitärer ‚Verismus' – d. h. ständiger Kampf ums Überleben – und Absage an die NS-Ideologie.[119] Davon lassen sich die ersten sieben auf Schmitt zurückführen, der letzte Aspekt wurde bereits im vorangegangenen Abschnitt über die Konservative Revolution behandelt. Die Themenfelder dürften durch den Rekurs auf Carl Schmitt hinreichend ausgeführt worden sein. Einzig der Ethnopluralismus bedarf noch einer Erläuterung, auf den im nächsten Kapitel ausführlicher eingegangen wird.

Der Bezug auf Carl Schmitt durch die Neue Rechte hat neben den ideologischen Aspekten auch funktionalen Charakter, da Schmitts Reputation den Anschluss an weitere Gesellschaftsdiskurse ermöglicht.[120] Insbesondere der Neokonservatismus bietet dabei Anknüpfungspunkte, da dieser, wie Saage konstatiert, die Institutionen zur letzten Instanz mache. Damit aber begebe er sich in Widerspruch zu liberalem und demokratischem Denken, durch das letztlich Institutionen einer Rückbindung ans Volk unterworfen würden, da es sich bei ihrer Macht lediglich um delegierte Macht handele und diese damit einer

---

[117] Vgl. ebd., S. 61.
[118] Vgl. ebd., S. 68f.; Lenk/Meuter/Otten, a. a. O., S. 99 weisen darauf hin, dass von Auflage zu Auflage von „Der Begriff des Politischen" Schmitt mit steigender Konsequenz versucht, den Liberalismus fundamentalpolitisch zu überwinden.
[119] Vgl. Gessenharter, Intellektuelle Strömungen; in: Grumke/Wagner (Hrsg.), a. a. O., S. 190 - 200.
[120] Vgl. Gessenharter, Kippt die Republik?, a. a. O., S. 89.

Kontrollinstanz unterworfen würde. „*Erst die Unterscheidung zwischen den Interessen der einzelnen [!] und den Institutionen des Gemeinwesens macht es denk- und praxismöglich, auf der Forderung nach vorstaatlichen Grundrechten zu bestehen.*" Da der Neokonservatismus diese Trennung aufzuheben suche, sei er tendenziell totalitär.[121]

3.3 Ethnopluralismus – Der neorassistische Ansatz der Neuen Rechten

Letztlich handelt es sich beim Ethnopluralismus[122] um die konsequente Weiterführung des Gedankens von Schmitt, dass es keine universelle Kategorie Menschheit und daraus folgend auch keine Menschenrechte oder Gleichheit gibt, sondern nur eine Vielzahl von Staaten und Völkern, die in sich homogen sein müssen. Mit dem Begriff Ethnopluralismus wird dabei die offensichtlich rassistische Unterteilung in höher- und minderwertige Völker umgangen und durch einen – oberflächlich betrachtet – nicht wertenden Ansatz ersetzt.[123] Ziel sei es, die Völker in ihrer kulturellen Eigenart zu bewahren, Multikulturalismus hingegen führe zur Entfremdung der Menschen und Völker von sich selbst, sei letztlich Völkermord.[124] Darüber hinausgehend wird Rassismus denjenigen zugesprochen, die liberalen und multikulturellen Politikkonzepten folgen.[125]

---

[121] Saage, Richard: Neokonservatives Denken in der Bundesrepublik; in: Iring Fetscher (Hrsg.), Neokonservative und ‚Neue Rechte'. Der Angriff gegen Sozialstaat und liberale Demokratie in den Vereinigten Staaten, Westeuropa und der Bundesrepublik, München 1983, S. 78.

[122] Zum Konzept des Ethnopluralismus allgemein vgl. Gessenharter, Intellektuelle Strömungen; in: Grumke/Wagner (Hrsg.), a. a. O., S 194f.; Innenministerium des Landes Nordrhein-Westfalen (Hrsg.), a. a. O., S. 70ff. Für eine ausführliche Auseinandersetzung mit dem Phänomen Rassismus und dessen neorassistischer Variante ‚Ethnopluralismus' vgl. insbesondere Taguieff, Pierre-André: Die Macht des Vorurteils. Der Rassismus und sein Double, Hamburg 2000 (französische Originalausgabe Paris 1988).

[123] So heißt es bei Krebs: „*Was uns betrifft, sprechen wir von der Menschheit im Plural. Unser Humanismus basiert auf der Anerkennung der Völker und ihrer Kulturen, also der Achtung vor ihnen. Dabei bringt er die Geschichte und das Leben, das Erbe und die Menschheit wieder in Einklang.*" Krebs, Pierre: Unser inneres Reich; in: Krebs (Hrsg.), Mut zur Identität, a. a. O., S. 20.

[124] „*Aus dem egalitären Willen zur Rassenmischung sprießen die Wurzeln der Entfremdung und des Völkermordes.*" Ebd., S. 21.

[125] „*Kurzum, der Rassismus ist auf Seiten derer, welche die im biokulturellen Sinne aufgefaßte ethnische Identität zugunsten von falschen, entkulturierenden und primitiven Zugehörigkeiten entwerten: rein politische Modelle (‚westliche Demokratie', ‚Zivilisation der Menschenrechte' usw.) oder – schlimmer – ökonomische (‚Sozialismus', ‚Freie Welt' usw.).*" Faye, Guillaume: Die neuen ideologischen Herausforderungen; in: Krebs (Hrsg.), Mut zur Identität, a. a. O., S. 203.

Zentral sind dabei drei Verschiebungen in den Konzepten, Argumenten und Haltungen. Der Begriff ‚Rasse' wird überwiegend durch die Termini ‚Ethnie' und/oder ‚Kultur' ersetzt, statt von Ungleichheit und Ungleichwertigkeit wird von Unterschied gesprochen, mit der Betonung und Bejahung von Differenz wird Heterophobie auf den ersten Blick durch Heterophilie ersetzt.[126] Hinter diesem vermeintlich die kulturelle Identität schützenden und von der kulturellen Gleichheit ausgehenden Ansatz verbirgt sich also zunächst einmal ein Instrument zur Abwehr all dessen, was als fremd definiert wird. Es handelt sich um einen kulturalistisch argumentierenden Rassismus, hinter dem sich jedoch in letzter Konsequenz wiederum ein biologischer Rassismus verbirgt, da soziale und kulturelle Unterschiede als naturgegeben angesehen werden.[127] Wesentlich ist somit die Verschleierung der rassistischen Sprache durch eine scheinbar bereinigte Sprache, die auf kulturelle Differenz verweist.[128]

Taguieff skizziert zwei idealtypische Logiken der Rassenbildung, die Fremdrassenbildung und die Selbstrassenbildung. Erstere betont Ungleichheit, dient letztlich als Legitimation für Herrschaft und Ausbeutung und ist damit ein zentraler Denkansatz des modernen Kolonialismus und der Sklaverei. *„Die ‚Rasse' ist, bevor sie als minderwertig bezeichnet wird, die des Anderen, wird dem Anderen zugeschrieben, definiert sich selbst als das dem Anderen eigene. Die Rasse ist der Andere."*[129] Die Selbstrassenbildung erfolgt nicht über die Zuweisung von ‚minderwertigen' Rasseeigenschaften an die Anderen, sondern über die Definition des Selbst als Rasse und bedingt die Überhöhung des Eigenen, betont wird der Unterschied.[130] Wichtig ist jedoch, dass jede Fremdrassenbildung im Umkehrschluss auch eine Selbstrassenbildung und jede Selbstrassenbildung eine Fremdrassenbildung impliziert. Taguieff benennt also das dominante Element in den jeweiligen rassistischen Funktionslogiken. Steht im ersten Fall am Anfang eine Herrschafts- und Ausbeutungslogik, ist dies im zweiten Fall die Logik der radikalen Exklusion.[131]

Der Ethnopluralismus der Neuen Rechten lässt sich in diesem Kontext als Form der Selbstrassenbildung verstehen, die in letzter Konsequenz auf der bedingungslosen Angst vor dem Anderen beruht und der Absicherung der eigenen

---

[126] Vgl. Taguieff, a. a. O., S. 21ff.
[127] Vgl. Minkenberg, neue radikale Rechte, a. a. O., S. 46. Ebenso weist Feit, a. a. O., S. 112 darauf hin, dass die Begriffe Erbe und Kultur bei der Neuen Rechten biologistisch konnotiert sind. Vgl. dazu auch Kapitel 5.3 Rassistische Elemente des neurechten Heidentums, S. 92ff.
[128] Vgl. Funke, Brandstifter, a. a. O., S. 20; Taguieff, a. a. O., S. 21ff.
[129] Taguieff, a. a. O., S. 147.
[130] Vgl. ebd., S. 145ff.
[131] Vgl. ebd., S. 156. Dass sich hinter der Selbstrassenbildung indirekt eine Einführung von Wertigkeiten verbirgt, die in letzter Konsequenz die Stigmatisierung des Anderen als minderwertig bedingt, wird an anderer Stelle verdeutlicht. Vgl. dazu Kapitel 5.3 Rassistische Elemente des neurechten Heidentums, S. 92ff.

Identität durch deren Überbewertung dient, womit die Verteidigung der ‚Reinheit' der eigenen Identität im Vordergrund steht. Im Kontext der von der Neuen Rechten wahrgenommenen und angegriffenen multikulturellen Gesellschaft bekommt der ethnopluralistische Ansatz damit gewissermaßen ein utopisches Element, wird zum Projekt der gesellschaftlichen Umgestaltung auf Grundlage der konstruierten Rasse.[132] Bei Benoist kommt dies in einer Argumentationskette zum Ausdruck, in der er die Existenz eines allgemeinen Begriffs des Menschen oder der Menschheit abstreitet. Vielmehr gebe es nur den Menschen im Besonderen, der nicht von seiner Kultur, seiner – auch räumlich verstandenen – Umwelt und seinem von Benoist als ‚zeitlos' beschriebenen Erbe zu trennen sei. Angesichts der wahrgenommenen gesellschaftlichen Realität ergebe sich daraus die Notwendigkeit, die kultureigenen Werte wiederzufinden und von den fremden zu befreien.

*„Um zu erfahren, was uns auf diesem Jahrmarkt der Werte, die heute durcheinandergehen und sich gegenüberstehen, zu eigen gehört, müssen wir genetisch vorgehen, das heißt erneut eine **Genealogie der Werte** aufzeichnen."*[133]

Dieser Mechanismus der radikalen Exklusion führt zu Brinks Kennzeichnung des Ethnopluralismus als Form der Apartheid[134] und auch Funke verweist auf dessen Ausschlussfunktion, die in einem ersten Schritt zur wirtschaftlichen und kulturellen Selbstisolation Europas führt, in einem zweiten Schritt jedoch auch zur Legitimierung des alltäglichen Rassismus beiträgt.[135] Auf die letzte Konsequenz dieser Selbstrassenbildung verweist jedoch Taguieff: *„ So entwickelt die Selbstrassenbildung eine argumentative Logik, deren ultimative Schlussfolgerung nur die **totale Vernichtung** des Anderen sein kann."*[136] Diese Deutung berührt nicht unbedingt die Frage der realen Umsetzbarkeit in der Gegenwart, sondern verweist auf die letztendliche Konsequenz, die dem Ansatz der Selbstrassenbildung inne wohnt. Mit einem Rekurs auf Carl Schmitt lässt sich die von Taguieff skizzierte argumentative Logik auch in ihrer für die Neue Rechte relevanten Dimension verdeutlichen. Zentral dafür sind zwei Denkansätze Schmitts. Zum einen ist hier dessen Demokratieverständnis von Bedeutung. Dies wendet sich gegen Parlamentarismus, die daraus folgende diskursive

---

[132] Vgl. Taguieff, a. a. O., S. 29f. und 147ff. Zur Identitätsbildung als Grundlage des Ethnopluralismus im Kontext des neurechten Heidentums und den dabei zum Zuge kommenden Exklusionsmechanismen vgl. Kapitel 4.2.2 Fremdes und Eigenes – Heidentum als Identitätsgrundlage, S. 73ff.
[133] Vgl. Benoist, Alain de: Gleichheitslehre, Weltanschauung und ‚Moral'. Die Auseinandersetzung von Nominalismus und Universalismus; in: Pierre Krebs (Hrsg.), Das unvergängliche Erbe, a. a. O., S. 90, Hervorhebung im Original.
[134] Vgl. Brinks, a. a. O., S. xiii.
[135] Vgl. Funke, Brandsätze, a. a. O., S. 27.
[136] Taguieff, a. a. O., S. 148, Hervorhebung im Original.

Politikgestaltung und die werterfüllte Demokratieinterpretation in liberaler Tradition, bei der das Individuum zum Träger von Rechten wird und zu deren Kernbestand auch die Anerkennung universell geltender Menschenrechte gehört. Stattdessen postuliert Schmitt eine ‚identitäre Demokratie', bei der von der Einheit von Führern und Geführten ausgegangen wird, der souveräne Staat zum alleinigen Rechtssubjekt avanciert, wohingegen sich der einzelne Mensch dem homogenen Kollektiv unterzuordnen hat. Eine zentrale Funktion des Staates besteht darin, diese Homogenität notfalls gewaltsam herzustellen.[137] Das Homogenitätspostulat ist der zweite wichtige Gedankengang zur Verdeutlichung der von Taguieff ausgemachten argumentativen Logik der Selbstrassenbildung. Dieser Zwang zur Homogenität folgt, wie im letzten Kapitel ausgeführt, aus Schmitts Politikverständnis, das auf die Unterscheidung von Freund und Feind zurückgeführt wird und das den Krieg zu einer zwar nicht immer angewandten jedoch notwendigen, letztlich unvermeidlichen und einzig wirklich politischen Größe in den internationalen Beziehungen macht. Aus der inhaltlichen Ausgestaltung der Begriffe ‚Freund', ‚Feind', und ‚Kampf' durch Schmitt resultiert letztlich die Vernichtungslogik:

> *„Die Begriffe Freund, Feind und Kampf erhalten ihren realen Sinn dadurch, daß sie insbesondere auf die reale Möglichkeit der physischen Tötung Bezug haben und behalten. Der Krieg folgt aus der Feindschaft, denn diese ist die seinsmäßige Negierung eines anderen Seins."*[138]

3.4 Metapolitik und kulturelle Hegemonie – Der strategische Ansatz

Jede Ideologie ist interessengeleitet, in ihrer politischen Dimension auf die Verwirklichung einer spezifischen, idealisierten Gesellschaftsform gerichtet. Um Ideologie zu Wirklichkeit werden zu lassen, bedarf es einer Strategie. Das Wirken der Neuen Rechten ist, wie bereits mehrfach angemerkt, nicht unmittelbar auf bzw. gegen den Staat gerichtet, vielmehr bilden gesellschaftliche Wert-

---

[137] In den Vorbemerkungen, die Schmitt für die zweite Auflage seines Werkes „Die geistesgeschichtliche Lage des heutigen Parlamentarismus" verfasste, wird dieser Gedankengang deutlich: *„Beides, Liberalismus und Demokratie, muß voneinander getrennt werden, damit das heterogen zusammengesetzte Gebilde erkannt wird, das die moderne Massendemokratie ausmacht. Jede wirkliche Demokratie beruht darauf, daß nicht nur Gleiches gleich, sondern, mit unvermeidlicher Konsequenz, das Nichtgleiche nicht gleich behandelt wird. Zur Demokratie gehört also notwendig erstens Homogenität und zweitens – nötigenfalls – die Ausscheidung oder Vernichtung des Heterogenen."* Schmitt, Carl: Die geistesgeschichtliche Lage des heutigen Parlamentarismus, 8. Auflage, Berlin 2002 (Nachdruck der 1926 erschienen 2. Auflage).
[138] Schmitt, Begriff, a. a. O., S. 33.

vorstellungen, die politische Kultur, den Hauptangriffspunkt. In diesem bewusst – in der Eigenwahrnehmung der Neuen Rechten – kulturell ausgelegten Wirken liegt eine wesentliche Neuerung der Neuen Rechten, gekoppelt mit der Bereitschaft, von der politischen Linken zu lernen, ohne jedoch deren politische Ideen zu übernehmen.[139] Insbesondere der italienische Marxist Antonio Gramsci und dessen Theorie der kulturellen Hegemonie wurde und wird von der Neuen Rechten zur Erarbeitung einer eigenen Strategie herangezogen. Kerngedanke dieser Strategie ist die Notwendigkeit, die Deutungshoheit über zentrale gesellschaftlich-kulturelle Wertvorstellungen zu erlangen als Vorstufe zur politischen Machtgewinnung. Kultur meint hier nicht (oder nicht nur) Kunst in ihren verschiedenen Ausprägungen, sondern die grundlegenden Ideen und Leitwerte, die in einer Gesellschaft Bedeutung haben. In den sechziger Jahren wurde im wissenschaftlichen Kontext für diese geistige Verfasstheit einer Gesellschaft der Ausdruck der politischen Kultur etabliert.[140]

Mit Bezug auf die Bundesrepublik Deutschland wurde angemerkt, dass mit diesem Ansatz auch auf das Modell der wehrhaften Demokratie reagiert werde, das ein zu direktes Anknüpfen an die NS-Ideologie verhindere. Daraus resultiere das Bemühen der Neuen Rechten, zunächst auf die politischen Wahrnehmungen der Menschen einzuwirken, bevor die Auseinandersetzung um die politische Macht begonnen wird.[141] Sicherlich ist dieser Weg effektiv, um juristischen Konsequenzen zu entgehen und vorzubeugen. Es sollte jedoch nicht übersehen werden, dass es sich bei diesem Ansatz zum einen nicht bloß um ein in Deutschland verbreitetes Modell handelt. Für die Neue Rechte als internationales Phänomen wurde Gramscis Ansatz der kulturellen Hegemonie vom Vordenker der Nouvelle Droite, Alain de Benoist, fruchtbar gemacht.[142] Zum anderen steht die rechtliche Frage nicht im Zentrum dieser Strategie.

Der Bezug der Neuen Rechten auf Gramsci mag auf den ersten Blick verwundern. Pfahl-Traughber weist jedoch zu recht darauf hin, dass der Ansatz der Erlangung der kulturellen Hegemonie selbst ideologieneutral ist, von linken und

---

[139] Es werden zwar mitunter ‚linke' Themen aufgegriffen, um einen Brückenschlag nach links zu vollziehen, allerdings sind diese Themen dann in der Regel mit originär rechten Denkansätzen unterfüttert, wenn z. B. Sozialismus völkisch definiert wird. Vgl. Zentrum Demkoratische Kultur (Hrsg.): Volksgemeinschaft gegen McWorld. Rechtsintellektuelle Diskurse zu Globalisierung, Nation und Kultur, Bulletin – Schriftenreihe des Zentrum Demokratische Kultur 3/2003, Berlin 2003. Vgl. dazu Kapitel 4.2.1 Heidentum gegen die Krise der Gegenwart, S. 72.

[140] Siehe Fußnote 31, S. 23.

[141] Vgl. Gessenharter, Kippt die Republik?, a. a. O., S. 57.

[142] Im zweiten Band von Benoists Anthologie „Aus rechter Sicht" behandelt er Gramscis Ansatz in einem eigenen Kapitel. Vgl. Benoist, Alain de: Aus rechter Sicht. Eine kritische Anthologie zeitgenössischer Ideen Band 2, Tübingen/Buenos Aires/Montevideo 1984, S. 379 - 389. Ausführlicher wird der Ansatz in Benoist, Kulturrevolution, a. a. O. behandelt.

von rechten Gruppen gleichermaßen wie auch zur Verbreitung demokratischer oder antidemokratischer Ideen genutzt werden kann.[143] Des weiteren weist Pfahl-Traughber darauf hin, dass es in der Rezeption Gramscis durch die Neue Rechte, u. a. auch der von Benoist, Fehldeutungen gibt.[144] Für den Kontext dieser Untersuchung sind die Abweichungen vom Originalkonzept nicht von Bedeutung; von Interesse ist, wie dieser Ansatz von Benoist legitimiert und strategisch fruchtbar gemacht wird.

Kerngedanke ist, *„daß die ideologische Mehrheit wichtiger als die parlamentarische ist und daß die erste immer auf die zweite hindeutet, während die zweite ohne die erste dem Zusammensturz geweiht ist."*[145] Das Ziel, diese Mehrheit zu erlangen, soll erreicht werden durch Metapolitik, d. h. die Verlagerung von Politik in den aus neurechter Sicht vorpolitischen Raum.[146] Grundlage für diesen Ansatz ist die wahrgenommene Ausweitung des Begriffs Politik auf Bereiche, die früher für neutral gehalten wurden. Namentlich seien das Religion, Kultur, Kunst, Erziehung und Wirtschaft.[147] Es wird eine Durchdringung der alltäglichen Lebenswelten mit Politik angenommen. Diese Ausweitung wird zwar beklagt, aber erst einmal als gegeben betrachtet. Es müsse berücksichtigt werden, dass Politik nicht mehr auf der Ebene der Politiker statt finde, vielmehr reagierten Politiker nur noch auf diese Ausweitung.[148] Eine zweite wichtige Grundlage für den metapolitischen Ansatz liegt in dem als hedonistisch angesehenen Charakter der Gesellschaft, in der Freizeit und damit verbunden auch Kultur (im weitesten Sinne) ein größerer Stellenwert zukomme. Gerade darin wird jedoch auch eine Chance gesehen, da hierdurch die Bereitschaft und die Anfälligkeit der Gesellschaft gegenüber metapolitischen Botschaften steige. Diese seien umso wirkungsvoller, je weniger ihr politischer Charakter wahrgenommen wer-

---

[143] Vgl. Pfahl-Traughber, ‚Konservative Revolution' und ‚Neue Rechte', a. a. O., S. 36.
[144] Vgl. Ebd., S. 32.
[145] Benoist, aus rechter Sicht, Band 2, a. a. O., S. 389.
[146] Bei Krebs heißt es zum metapolitischen Ansatz: *„ Was uns bewegt und was wir anstreben, paßt nicht in die Aktivitäten einer politischen Partei hinein, sondern – und wir bestehen darauf – lediglich in den Rahmen eines metapolitischen, ausschließlich kulturellen Projektes. Ein Projekt, das sozusagen die Erinnerung an unsere Herkunft zur Bewusstwerdung unserer Identität wieder einsetzen will, um das vorzubereiten, was unsere Zukunft sein soll."* Krebs, Pierre: Gedanken zu einer kulturellen Wiedergeburt; in: Krebs (Hrsg.), Das unvergängliche Erbe, a. a. O., S. 25. Das Zitat Krebs deutet mit der ‚Erinnerung an unsere Herkunft' auch schon den heidnischen Ansatz an. Vgl. dazu Kapitel 4.2.2 Fremdes und Eigenes – Heidentum als Identitätsgrundlage, S. 73ff.
[147] Vgl. Benoist, aus rechter Sicht, Band 2, a. a. O., S. 10.
[148] Vgl. Benoist, Kulturrevolution, a. a. O., S. 40. Obwohl die Neue Rechte vorgibt, die Ausweitung des politischen Bereichs zu bedauern, reagiert sie nicht darauf, sondern trägt auch aktiv dazu bei. Vgl. dazu Kapitel 5.5 Funktionen des neurechten Heidentums, S. 106f.

de, da sie auf weniger rationalen Widerstand stießen als Botschaften mit direktem politischen Charakter.

"Die ganze Macht der Schauspieler und der Vorführungen, der Unterhaltung und der Moden liegt im übrigen in diesem letztgenannten spezifischen Zug begründet, und zwar insofern als ein Roman, ein Film, ein Theaterstück, eine Fernsehsendung etc. umso wirkungsvoller sind, als man sie zu Beginn nicht als politisch erkennt, sie aber eine langsame Entwicklung, eine langsame Verschiebung der Mentalitäten von einem Wertsystem in Richtung auf ein anderes verursachen."[149]

Ein weiterer wichtiger Aspekt für den metapolitischen Ansatz, der dessen Erfolg sichern soll, wird in der angenommenen gewachsenen Bedeutung von Intellektuellen gesehen. Deren Wirken habe an Bedeutung gewonnen durch die Demokratisierung des Bildungswesens, die starke Stellung der Medien sowie der Verlockung für sogenannte Meinungsführer, Politik nach Demoskopie zu machen. Da sich liberale Gesellschaften schwer tun würden, ihren Gegnern die Grundlage zu entziehen, ohne ihren eigenen pluralistischen Charakter zu verlieren, ohne sich also praktisch selbst abzuschaffen, bieten sich Intellektuellen einzigartige Wirkmöglichkeiten. Das gezielte Wirken von Intellektuellen gegen den demokratischen Konsens verbinde sich mit den wahrgenommenen systemimmanenten Fehlern pluralistischer Demokratien. Indem der gesellschaftliche Konsens wegbreche, steige jedoch die Nachfrage nach Ideologien, ein Bedürfnis, das wiederum von Intellektuellen bedient werden könne. Letztendlich begünstige die pluralistische Demokratie ihren eigenen Untergang, weil sie verfassungsmäßig verpflichtet sei, Schwankungen der öffentlichen Meinung Rechnung zu tragen.[150]

Auch bei den Ausführungen zur metapolitischen Strategie sind wieder einige wichtige neurechte Topoi erkennbar. Angenommen wird eine allgemeine Krise der Gegenwart, verschuldet durch den Liberalismus, der einerseits zu einer Überdehnung des Politikbegriffs führe – in Benoists Ausführungen ist deutlich die Anlehnung an Schmitts Politikbegriff erkennbar – und andererseits eine hedonistische Gesellschaft hervorbringe. Da dies Schwäche bedeute, liege darin aber auch eine Chance, mittels Metapolitik zu einer Kulturrevolution von rechts zu gelangen, an deren Ende die kulturelle Hegemonie und somit die Voraussetzung für die politische Machtübernahme stehe.

Deutlich wird dieser Kulturkampf, wenn etablierte und überwiegend positiv konnotierte Begriffe nicht einfach verworfen werden, sondern mit anderen Inhalten versehen und damit umgedeutet werden. So wird nicht Demokratie insgesamt verworfen, sondern deren werterfüllte Interpretation in liberaler Tradition, in der das Individuum Träger von Rechten ist. Stattdessen wird ein identitäres Demokratieverständnis postuliert, das, in der Tradition von Carl Schmitt,

---

[149] Vgl. Benoist, Kulturrevolution, a. a. O., S. 50.
[150] Vgl. ebd. S. 50f.

von der Einheit von Führern und Geführten ausgeht. Träger von Rechten ist hier nur der Staat mit seinen Institutionen, die einzelnen Menschen müssen sich dem homogenen Kollektiv unterordnen.[151] Auch der Begriff Pluralismus wird, wie am Beispiel des Ethnopluralismus verdeutlicht, nicht verworfen, sondern lediglich als innergesellschaftliche Komponente abgelehnt. Er wird ausschließlich auf die ‚Vielfalt der Staatenwelt' und die ‚Vielfalt der Völker' bezogen, bekommt also eine rein außenpolitische Bedeutung. Über die Besetzung von Begriffen mit bestimmten Inhalten soll damit letztlich politische Realität geformt werden.[152] Jedoch macht Benthin einen partiellen Strategiewechsel bzw. Eine Strategieergänzung der Neuen Rechten aus. Zur Zielgröße der kulturellen Hegemonie gesellen sich Versuche der Mobilisierung von Öffentlichkeit mit konkreten Protestereignissen und Kampagnen bei gleichzeitiger Elitenfixierung. Diese Öffentlichkeitsstrategien sind demnach durch zwei Elemente gekennzeichnet. Einerseits durch den Versuch, durch eine umfassende Revision des politisch-kulturellen Wissens zur Etablierung neurechter Gegenkultur und -öffentlichkeit zu gelangen. Andererseits zielt sie auf möglichst breite Mobilisierung von Protest im Rahmen einer modernisierten radikalen Rechten als ‚nationale Sammlungsbewegung'.[153] Die Revision des politisch-kulturellen Wissens durch diese „*Kulturalisierung der Politik*"[154] zielt in Deutschland nach Funke vor allem darauf, die Wahrnehmung Deutschlands als Täternation zu beseitigen und es als Kulturnation als Opfer darzustellen. „*Danach ist das deutsche Kollektiv Opfer der Umerziehung, der 68er und auch derjenigen Täter des Nationalsozialismus, die die deutsche Kultur und Geschichte gefährdeten.*"[155]

An der Verbreitung der metapolitischen Strategie in der deutschen Neuen Rechten war einmal mehr Armin Mohler beteiligt, der u. a. das Vorwort für die

---

[151] In dem Sammelband „Die selbstbewußte Nation" wirft z. B. ein Autor einen sehnsuchtsvollen Blick nach Österreich und konstatiert: „*Im Bundespräsidenten manifestiert sich die Homogenität des Staates, die für eine Demokratie ganz unerläßlich ist.*" Meier-Bergfeld, a. a. O., S. 205. Zu Schmitts Demokratieverständnis auch Lenk, ‚Volk und Staat', a. a. O., S. 129f. und Lenk, Rechts wo..., a. a. O., S. 249f.
[152] Das Eindringen rechtsextremer Sprachelemente in den mainstream-Diskurs und die gegenseitige Beeinflussung von rechtsextremen und anderen (konservativen) Publikationen zeigt z. B. die Untersuchung von Jäger. Vgl. Jäger, Margarete: Wie die Rechte Sprache prägt. Steilvorlagen von Rechtsaußen; in: Braun/Hörsch (Hrsg.), a. a. O., S. 45 - 56. Vgl. dazu auch Brinks, a. a. O., S. 132f. und Funke, Brandstifter, a. a. O., S. 36ff.
[153] Vgl. Benthin, a. a. O., S. 132 und 202.
[154] Funke, Paranoia, a. a. O., S. 250.
[155] Ebd., S. 250. Zu Funkes Interpretation des neurechten Nationalismus als Abwehrnationalismus vgl. auch in dieser Arbeit Fußnote 68, S. 33f.

deutsche Ausgabe von Benoists Publikation „Kulturrevolution von rechts" verfasste.[156]

---

[156] Vgl. Mohler, Armin: Vorwort; in: Alain de Benoist, Kulturrevolution, a. a. O., S. 9 - 12. Auch sein eigenes Wirken interpretiert Mohler als Ausdruck metapolitischer Tätigkeit. In einem Interview mit Claus Leggewie nimmt er einen nur langfristig erkennbaren Zusammenhang von politischer Schriftstellerei und Politik an. So sieht er im Historikerstreit Mitte der achtziger Jahre diesen Prozess verwirklicht, in dem Forderungen auf die Agenda gesetzt wurden, die er bereits Ende der sechziger Jahre formuliert habe, wie z. B. das Verlangen nach einer Generalamnestie für von Deutschen während des Nationalsozialismus begangene Verbrechen. Vgl. Leggewie; Claus: Der Geist steht rechts. Ausflüge in die Denkfabriken der Wende, Berlin 1987, S. 204. Leggewie führt die weitreichenden Überschneidungen zwischen Mohlers Thesen, die dieser Mitte bis Ende der sechziger Jahre entwickelte und deren Aufleben während des Historikerstreits weiter aus. Vgl. ebd., S. 204ff. Neaman macht einen ähnlichen Einfluss Ernst Jüngers auf den Historikerstreit aus. Vgl. Neaman, Ernst Jüngers Wirkung; in: Faber/Funke/Schoenberner (Hrsg.), a. a. O., S. 260f. Zum Thema Geschichtsrevisionismus vgl. im gleichen Sammelband auch den Beitrag von Brumlik, Micha: Geisteswissenschaftlicher Revisionismus – auch eine Verharmlosung des Nationalsozialismus; in: Faber/Funke/Schoenberner (Hrsg.), a. a. O., S. 178 – 188, in dem er besonders auf die Thesen von Ernst Nolte eingeht. Zum Historikerstreit vgl. auch Lenk, Rechts wo..., a. a. O., S. 271 – 279; zu dessen Einfluss auf die politische Kultur in Deutschland vgl. Brinks, a. a. O., S. 101 – 109.

4. Das Heidentum der Neuen Rechten

4.1 Grundzüge des neurechten Heidentums

4.1.1 Alain de Benoist

Der Vordenker der Nouvelle Droite und Stichwortgeber für die deutsche Neue Rechte Alain de Benoist sieht im Heidentum die ursprüngliche Religion Europas.[157] Durch die Christianisierung Europas habe ein Entfremdungsprozess eingesetzt, da der europäische Geist in das christliche Denksystem eingebunden worden sei, konkreter in das Denken des jüdisch-christlichen Monotheismus.[158] Im Gegensatz zum Christentum nehme das Heidentum einen Zusammenhang zwischen Natur und Kultur an, d. h. eine andere Kultur impliziert auch eine andere zugrunde liegende Natur.[159] Daraus ergebe sich eine

> *„Gegenstellung eines Systems, das die Untrennbarkeit (was noch nicht ‚Identität' heißen soll!) von Natur und Kultur, von Verstand und Sinnlichem als Grundsatz nimmt, gegen ein anderes, das jüdisch-christliche, das ihre Trennbarkeit [...] als Grundsatz aufstellt, um von dieser Dualität aus sich selbst aufzubauen."*[160]

Aus diesem strukturellen Zusammenspiel folgt, dass nach Abschluss des Bekehrungsprozesses in Europa weder die europäische Kultur noch das Christentum mit ihrer jeweiligen Herkunft übereingestimmt hätten.[161] Dieser Entfremdung steht der Gedanke an Identität gegenüber. Menschen seien vorrangig als Erben auf der Welt. Die Identität eines Einzelnen als auch eines Volkes

---

[157] Vgl. Benoist, Heide sein, a. a. O., S. 12.
[158] Vgl. ebd., S. 14. Anzumerken ist an dieser Stelle, dass die Begriffe Christentum, Juden-Christentum oder auch Judao-Christentum weitgehend synonym gebraucht werden. Die Verwendung dieser Begrifflichkeiten folgt von wenigen Ausnahmen abgesehen keiner besonderen Logik. Diese Begriffe sind im neurechten Sprachgebrauch negativ besetzt. Es handelt sich hierbei in erster Linie um Begriffe, mit denen nicht geteilte politische Ideen abgewertet werden sollen. Vgl. dazu Kapitel 4.2 Verankerung des Heidentums im neurechten Weltbild, S. 66ff. Auf die Verwendung von Anführungszeichen zur Kenntlichmachung, dass es sich dabei um wertende Begriffe handelt, wurde aus Gründen der besseren Lesbarkeit verzichtet. Laut Benoist verweist der Terminus Judenchristentum auf die monotheistische Verbindung beider Religionen. Vgl. Benoist, Heide sein, a. a. O., S. 36. Die Ausnahmen beziehen sich auf die Fälle, in denen von einem heidnischen Christentum oder auch Heidenchristentum die Rede ist, in Abgrenzung zum jüdisch beeinflussten Christentum. Vgl. dazu in diesem Abschnitt S. 60.
[159] Vgl. Benoist, Heide sein, a. a. O., S. 71.
[160] Ebd., S. 73.
[161] Vgl. ebd., S. 253.

existiere erst dann, wenn eine Besinnung auf den eigenen Ursprung stattfinde.[162] Benoist betont zwar, dass das heutige Heidentum eine gewisse Verwandtschaft mit den alten indoeuropäischen Religionen aufweise, namentlich mit deren Geschichte, Theologie, Schöpfungslehre, Symbolik und Mythen, jedoch müsse man nicht an Jupiter oder Wotan glauben, um Heide zu sein. Auch bestehe heutiges Heidentum nicht in der Wiedererweckung alter Kulte, vielmehr bedeute es, die Grundlagen der Religion aufzudecken, d. h. den Geist freizulegen, auf dem es beruhe, auf welche Innenwelt es verweise und welche Weltauffassung es vertrete.[163] *„Kurzum: es schließt die Betrachtung der Götter in sich als ‚Wertzentren' (H. Richard Niebuhr) und die ‚Glauben', die ihnen zuteil werden, als Wertsysteme: Götter und Glauben sind vergänglich, die Werte aber bleiben."*[164] Benoist verbindet auf diese Weise Glaube strukturell mit Werten, aus denen sich die politische Weltanschauung zusammensetzt. Werte sind bei ihm wiederum Ausdruck von Kultur, die ihrerseits Resultat der zugrunde liegenden Natur ist.[165] Dadurch kann Benoist Erscheinungen des christlichen Europas als Fortleben des Heidentums im Christentum auslegen. Indem er bspw. das Römische Reich als heidnische Errungenschaft darstellt, kann er die in der Renaissance einsetzende Auseinandersetzung mit der Antike, wie z. B. der Baukunst und Philosophie, als Hinwendung zum Heidentum interpretieren. Auch in der Huldigung der Natur durch Franz von Assisi sieht er ein heidnisches Element, folglich wird aus dem Glauben Franz von Assisis ein christliches Heidentum.[166] Das Judenchristentum hingegen erkenne den Zusammenhang zwischen Natur und Kultur als zentrales Definitionsmerkmal von ‚Mensch' nicht an. Durch die Konstruktion einer Vaterfigur werden Menschen unabhängig von ihrer jeweiligen Kultur und Natur zu Brüdern. Diese Brüderschaft habe jedoch keinerlei natürliche Entsprechung:

„Eine wenigstens relative Brüderschaft kann nur mit einem alter ego (anderen Ich) erreicht werden: Mitglieder der gleichen Stadt, der gleichen Nation, des gleichen Volkes, der gleichen Kultur. Sollten alle Menschen Brüder sein, über jegliche bezeichnend menschliche Ordnungsvorstellung hinaus, dann kann keiner es wirklich sein. Die Einführung einer symbolischen umfassenden Vaterschaft vernichtet die Möglichkeit einer wirklichen Brüderschaft, sofern sie sich im Absoluten eben aufgrund dessen erklärt, was sie zerstört."[167]

---

[162] Vgl. ebd., S. 23.
[163] Vgl. ebd., S. 29f.
[164] Ebd., S. 30.
[165] Schon zu Beginn des Buches verweist Benoist auf das untrennbare Zusammenspiel von Wert, Erbe und Ansicht. Die Entscheidung für einen Wert oder ein Erbe bedeute automatisch, eine bestimmte Ansicht vertreten zu müssen. Die Entscheidung werde beeinflusst durch Pläne, Anschauungen, Identität, Zugehörigkeit und das Erbe. Vgl. ebd., S. 12. Das Erbe steht somit am Anfang und am Ende einer Entscheidung.
[166] Vgl. ebd., S. 16 und 230.
[167] Ebd., S. 65.

Durch diese Trennung von Mensch und der ihn laut Benoist definierenden Kategorien Stadt, Nation, Volk und Kultur verwische das Christentum die Verschiedenheit. Denn wenn ein Mensch nur vor dem Hintergrund seiner Stadt, seiner Nation, seines Volkes und seiner Kultur definierbar ist, gilt das natürlich auch für einen Menschen aus einem anderen kulturellen, nationalen usw. Kontext. Es gibt somit kein sie verbindendes Element, keine Grundlage, die sie auf einen gemeinsamen Nenner bringen ließe. Das Judenchristentum wird zur Konstituante des in neurechter Lesart unnatürlichen Egalitarismus und durch die Schaffung einer Kategorie Menschheit auch des Universalismus, der in seiner verweltlichten Form die allgemeinen Menschenrechte begründe.[168] Indem das Judenchristentum den Menschen aus seiner ihn determinierenden Bindung reiße und an Stelle des konkreten Menschen den abstrakten Menschen stelle, zerstöre es die Bindung an die Gemeinschaft. Der jüdisch-christliche Monotheismus schaffe somit nicht die Voraussetzung zur Achtung der Person, sondern liefere die Voraussetzung für Individualismus. Dieser jedoch bedinge in seiner weltlichen Form den Vertrauensbruch zwischen Individuen und Staat.[169]

Benoists Ansatz soll es ermöglichen, die einer Kultur eigenen und angeblich natürlichen Werte zu identifizieren,[170] sowohl für das europäische Heidentum als auch das fremde Christentum. Der jüdisch-christliche Monotheismus entwickle eine negative Anthropologie, weil er eine negative Religion darstelle, in Benoists Sprachgebrauch eine „*Anti-Religion*".[171]

4.1.2 Sigrid Hunke

Was bei Benoist nur angedeutet wird, ist bei Hunke zentrales Anliegen. Sie versucht umfassend darzustellen, in welcher Form das Heidentum im Christentum überdauert hat. Allerdings spricht sie weniger von Heidentum, sondern – wie auch Titel ihrer Bücher andeuten – von „Europas anderer Religion" oder „Europas eigener Religion".[172] Auch bei Hunke wird das Christentum als Auslöser eines Entfremdungsprozesses in Europa dargestellt. Es sei eine „*psychologische Vergewaltigung der Völker und jedes einzelnen*" gewesen, „*es war der*

---

[168] Vgl. ebd., S. 192. An anderer Stelle lehnt Benoist den Universalismus mit folgender Begründung ab: „*Diese universalistische Behauptung von der Einmaligkeit des Menschen als Mensch entbehrt anscheinend jeder Grundlage: Der Mensch existiert für die Alten nicht. Es gibt nur Menschen: Griechen, Römer, Barbaren und so weiter. [...] Der gattungshafte Mensch, der abstrakte allgemeine Mensch existiert indes nicht.*" Ebd., S. 190.
[169] Vgl. ebd., S. 232.
[170] ,Natürlich' ist hier als biologische Kategorie zu verstehen. So verbindet Benoist in einem Interview ausdrücklich die Kategorien Kultur und Rasse. Die Kultur sei demnach Ausdruck der rassischen Zugehörigkeit. Vgl. Benoist, Kulturrevolution, a. a. O., S. 55.
[171] Benoist, Heide sein, a. a. O., S. 93.
[172] Vgl. Hunke, Europas andere Religion, a. a. O.; Hunke, Europas eigene Religion, a. a. O.

Totalverlust ihrer Identität."[173] Auslöser für den Entfremdungsprozess sei der christliche Dualismus, der einem schlechten Diesseits ein gutes Jenseits gegenüber stelle. Dieser Dualismus setze sich aus zwei Wurzeln zusammen. Die erste Wurzel bilde der orientalisch-hurritischen Dualismus,[174] wie er im Denken des Alten und Neuen Testaments auftauche sowie im Denken von Paulus, der Gnosis, des Manichäismus und bei Augustin. Dort lebe der

„launisch-unberechenbare, unverständlich strafende Jahwe fort [...]. Gott, der in seinem unerforschlichen Zorn und seiner erbarmungslosen Allmacht durch einen Abgrund von der Welt und dem Menschen, dem sündigen, getrennt ist".[175]

Die zweite Wurzel bilde der griechische Dualismus, insbesondere vertreten durch Pythagoras, Parmenides und Platon, die eine Trennung zwischen dem reinen Sein als nur denkbare Kategorie und dem Schein als Nicht-Sein begründet hätten.

Beide Dualismen hätten sich miteinander verbunden und bildeten die Grundlage des abendländischen Denkens, auch wenn der griechische Dualismus seinem Wesen nach nicht authentisch griechisch, sondern auf orientalischen Einfluss zurückzuführen sei. In der Essenz habe das Christentum bedingt durch diesen Dualismus die Welt entgöttlicht. Dieser fremde Dualismus sei Europa auferlegt worden, bevor es geistig in der Lage gewesen sei, sich damit auseinander zu setzen.[176]

Die europäische Konstante liegt laut Hunke im europäischen Ketzertum begründet, das sich dem christlichen Dualismus widersetzt habe. In Pelagius sieht sie den Ersten, der die vorherrschende christliche Lehre vom Menschen als Objekt Gottes und der ererbten menschlichen Sündhaftigkeit angezweifelt und an dessen Stelle den sündenlos geborenen Menschen gesetzt habe. Dieses Aufbegehren wird von Hunke als europäischer Widerspruch gewertet.[177] *„Hier war die Absage Europas an die Gedankenwelt des Paulus und Augustinus, an Orient und Afrika, an ihr ohnmächtiges Ausgeliefert-Sein".*[178] Pelagius habe Mensch und Gott wieder zusammengeführt und miteinander verbunden. In der Folge ernennt Hunke alle Denker zu Anhängern ihrer europäischen Religion, die den

---

[173] Hunke, Sigrid: Kampf um Europas religiöse Identität; in: Pierre Krebs (Hrsg.), Mut zur Identität, a. a. O., S. 79f.
[174] Bei den Hurritern handelt es sich um ein Volk, dessen Ursprünge Hunke im armenischen Hochgebirge verortet, das in ihrer Konstruktion einen wichtigen Stellenwert einnimmt. Ausführlicher dazu vgl. Kapitel 4.2.2 Fremdes und Eigenes – Heidentum als Identitätsgrundlage, S. 73ff.
[175] Hunke, Europas andere Religion, a. a. O., S. 37f. (1997: 36).
[176] Vgl. Hunke, Sigrid: Das Ende des Zwiespalts. Zur Diagnose und Therapie einer kranken Gesellschaft, Bergisch Gladbach 1971, S. 28ff. und Hunke, Europas andere Religion, a. a. O., S. 37f. und 43ff. (1997: 36 und 42ff.).
[177] Vgl. Hunke, Europas andere Religion, a. a. O., S. 57ff. (1997: 55ff.).
[178] Ebd., S. 63 (1997: 60).

Gedanken von der Göttlichkeit des Menschen vertreten hätten, alle anderen sieht sie in der Tradition der afrikanischen Lehre.[179] Zentrales Element ihres Konstrukts ist damit

> „Einheit" als „immer wieder kehrendes Leitmotiv des außerchristlichen europäischen Begegnens und Antwortens auf das Göttliche, und zwar der nichtchristlichen Ketzerreligion genauso wie der vorchristlichen, griechischen und germanischen Religionen."[180]

Gott sei hier als die Einheit der Gegensätze verstanden worden, wie eine Kapitelüberschrift nahe legt.[181] Hunkes bisher skizziertes Konstrukt wird noch um ein wesentliches Element erweitert. Das bei den europäischen Ketzern ausgemachte Denken wird nicht als neu interpretiert, sondern an die Antike zurückgebunden. Bereits im antiken Griechenland, vor dem Einsickern des dualistischen Denkens, sei der Gedanke von Gott als Einheit der Gegensätze zu finden gewesen.[182] Davon ausgehend führt sie eine lange Kette europäischen Geistes von der Antike bis zur Gegenwart ein:

> „Diese Kette nämlich, beginnend mit Anaximander und Heraklit, den ionischen Denkern des vorsokratischen, vorplatonischen, vordualistischen Hellenentums, reicht bis in die Gegenwart über Eriugena und Eckhart, Nikolaus Cusanus und Giordano Bruno, Kant und Fichte, Schelling und Hegel, Goethe und Hölderlin, Teilhard de Chardin und Jaspers und unzählige andere, bei vollständiger Einhelligkeit ihres Glaubens."[183]

Damit ihr Denkansatz funktionieren kann, muss auch Hunke Religion von der Dimension des individuellen Bekenntnisses zu einem Glauben lösen. Nur auf diese Weise kann sie Personen zu Vertretern einer europäischen und damit nicht christlichen Denkart ernennen, auch wenn diese sich selbst als Christen definierten.[184] Konflikte werden somit nicht als innerreligiöse Konflikte dargestellt als Folge unterschiedlicher Bibelinterpretationen und Glaubensauslegungen, die mit gesellschaftlichen Machtkämpfen einher gehen können. Diese Konflikte werden zu Auseinandersetzungen zwischen einander fremden kulturellen Systemen. Diese Systeme sind jedoch nicht dynamische Elemente, die mit ihrer Umwelt interagieren und sich durch sozialen Wandel verändern können, sondern starre Erscheinungen, die mit ihrer geographischen Herkunft verbunden sind.

---

[179] Vgl. ebd., S. 68 und 76ff. (1997: 64 und 71ff.).
[180] Ebd., S. 444 (1997: 402).
[181] Die Überschrift des Kapitels lautet: ‚Gott – Einheit der Gegensätze'. Vgl. ebd., S. 316 (1997: 286).
[182] Vgl. ebd., S. 422ff. (1997: 382ff.).
[183] Hunke, Europas religiöse Identität, a. a. O., S. 96.
[184] Vgl. ebd., S. 12.

Die Auseinandersetzung zwischen nicht-christlicher und christlicher Religion wird so zum Kampf zwischen Europa und dem Orient.

4.1.3 Bewertung der beiden Ansätze

Insgesamt ist der Ansatz Hunkes weniger relevant für die Betrachtung von Heidentum im Kontext neurechter Ideologie. Diese Einpassung in die eigene Weltanschauung geht vor allem von Benoist aus. Hunke hingegen liefert theoretische Voraussetzungen, auf denen Benoist aufbaut, sie liefert die Theorie für die Theorie. Indem sie bspw. den rächenden, strafenden Gott der Evangelien auf die jüdische Tradition zurückführt,[185] liefert sie eine inhaltliche Ausgestaltung des Begriffs Judenchristentum, der bei Benoist vage bleibt und nur mit dem benannten Hinweis auf die monotheistische Verbindung erklärt wird. Die Begriffe Judenchristentum oder auch Judao-Christentum sind jedoch keine Erfindung der Neuen Rechten. Sie fungieren hier zwar als negativ konnotierte Kampfbegriffe, werden aber in anderen Kreisen ohne abwertenden Beigeschmack oder auch in explizit positivem Sinne verwendet. So hat z. B. Haack ein aus christlicher Sicht sehr apologetisches Werk geschrieben, das sich mit nichtchristlichen Religionen der Gegenwart beschäftigt, dessen ausdrücklicher Eigenanspruch es ist, die auf dem judäo-christlichen Menschenbild fußende Kultur zu verteidigen.[186] Verwendung finden diese Begriffe jedoch auch schon in völkischen Rassenideologien, wie z. B. bei Houston Stewart Chamberlain.[187]

Die Definitionsansätze von Heidentum bei Benoist und Hunke können überwiegend nicht für sich alleine stehen. Die Darstellung dessen, was heidnische oder europäische Religion sei, erfolgt überwiegend ex negativo, d. h. in der Darstellung und Verwerfung von Denkansätzen, die dem jüdisch-christlichen Monotheismus zugeschrieben werden. Sowohl die eher religionsphilosophisch angelegten Erörterungen von Hunke als auch Benoists Ausführungen über das Christentum nehmen absolute Geltung für sich in Anspruch. Sie werden nicht als eine Interpretation von Glauben neben anderen betrachtet, sondern beanspruchen, den wahrhaftigen Kern, das auf die Natur zurück geführte Wesen des Christentums frei zu legen.

Wie noch zu zeigen sein wird, werden bei Benoist und einigen anderen neurechten Autoren immer wieder abgelehnte politische Wertvorstellungen als verweltlichte Ausprägungen des Judao-Christentums aufgefasst.[188] Durch die verabsolutierte Gleichsetzung von Natur und Kultur und der Darstellung von

---

[185] Vgl. Hunke, Europas andere Religion, a. a. O., S. 37f. (1997: 36).
[186] Vgl. Haack, Europas neue Religion, a. a. O., S. 10.
[187] Vgl. Chamberlain, Grundlagen, a. a. O., S. 167; Chamberlain, Arische Weltanschauung, a. a. O., S. 77.
[188] Vgl. dazu Kapitel 4.2 Verankerung des Heidentums im neurechten Weltbild, S. 66ff.

Religion als naturbedingte feststehende Wertsysteme können, im Kontext dieser Untersuchung, Ideologieelemente, die in expliziter Abgrenzung zu Judentum und Christentum vertreten werden, als heidnisches Produkt interpretiert werden. Dadurch wird Religion zudem weitgehend von ihrer transzendenten Dimension gelöst und statt dessen als Glaube an bestimmte (politische) Werte verstanden. Religion und Glaube definieren sich damit nicht mehr über die konfessionelle Gebundenheit oder das individuelle Bekenntnis. Ein solches Bekenntnis zum Heidentum ist hier also nicht Voraussetzung, um Heide zu sein. Heidentum wird zum Ausdruck eines geschlossenen Wertsystems, das auf dogmatisch gesetzten Prämissen beruht.

Entscheidend für die Verankerung des Heidentums innerhalb der neurechten Ideologie sind zwei Elemente. Nach den bisherigen Ausführungen kann neurechtes Heidentum dem Eigenanspruch nach zunächst als Ausdruck europäischer Identität charakterisiert werden.[189] Ebenfalls dem Eigenanspruch nach ist es antiegalitär, wobei dies nicht nur als ungleich, sondern auch als ungleichwertig zu verstehen ist[190] und daraus abgeleitet antiuniversalistisch.[191]

---

[189] Vgl. dazu Kapitel 4.2.2 Fremdes und Eigenes – Heidentum als Identitätsgrundlage, S. 73ff.

[190] So heißt es beispielsweise bei Benoist: *„Alle Glaubensbekenntnisse sind zwar nicht gleichwertig, aber die totale Nicht-Gläubigkeit ist noch schlimmer als jeder niederträchtige Glaube."* Benoist, Heide sein, a. a. O., S. 11. An anderer Stelle spricht er davon, dass der antiegalitäre Ansatz impliziere, die Menschen nach ihrem Wert einzuschätzen, der sich aus Kriterien ergebe, die aus der persönlichen Tätigkeit herrührten, sowie der spezifischen Charakteristika der Gemeinschaft, der sie angehören. Vgl. Benoist, Kulturrevolution, a. a. O., S. 14f.

[191] Der Antiuniversalismus der Neuen Rechten ist widerspruchsvoll. Auf Armin Mohler geht die Differenzierung in Nominalismus und Universalismus zurück. Demnach sei für letzteren kennzeichnend, dass es Allgemeines gibt, das dem Einzelnen vorausgehe. Für den Nominalismus hingegen gebe es nur das Einzelne, das Besondere. Allgemeinbegriffe seien von Menschen lediglich im Nachhinein vergebene Namen (von lateinisch nomina) für das Einzelne. Vgl. Mohler, Armin: Die nominalistische Wende; ein Credo; in: Krebs (Hrsg.), Das unvergängliche Erbe, a. a. O., S. 58. Für Mohler ist das Einzelne nicht das Individuum. Vielmehr könne *„dieses Einzelne [...] eine Gruppe sein, ja ein Volk, das anders ist als das Volk daneben. [...] Das vereinzelte Individuum, die zum bloßen Material gewordenen lebenden Dinge sind vielmehr das Produkt der herrischsten universalistischen Lehre, welche die neue Geschichte kennt: des Christentums."* Ebd., S. 68. Benoist stellt sich konsequent in die Logik des Mohlerschen Nominalismus, wenn er folgert, dass es keine allgemeinen Menschen und auch keine Menschheit gebe, sondern lediglich Menschen im Besonderen, die über ihre Kultur definiert würden. Daraus resultiere die Notwendigkeit, die eigenen kulturellen Werte wieder zu finden und von den fremden zu befreien. Vgl. Benoist, Alain de: Gleichheitslehre; in: Krebs (Hrsg.), Das unvergängliche Erbe, a. a. O., S. 77, 87 und 90. Auf die Widersprüchlichkeit des neurechten Nominalismus macht Moreau aufmerksam. Indem die Neue Rechte auf Kategorien wie ‚Volk' zurückgreife, mache sie selbst universalistische Elemente zu ihrem Kernbestand. Der Nominalismus hingegen führe in seiner gesellschaftspolitischen Ausprägung zu einem radi-

Tabelle 1 auf der nächsten Seite listet die zentralen Elemente von Heidentum und Christentum auf, wie sie sich durch die Ausführungen Benoists und Hunkes ergeben. Kursiv gesetzte Termini in der Tabelle bezeichnen neurechte Ideologieelemente, die aufgrund der Zuschreibungen im Kontext des Heidentums interpretiert werden, ohne von den Autoren explizit so benannt worden zu sein.

4.2 Verankerung des Heidentums im neurechten Weltbild

4.2.1 Heidentum gegen die Krise der Gegenwart

Trotz der langatmigen geschichtlichen Ausführungen von Benoist und Hunke in den Ansätzen von Heidentum geht es dabei im Wesentlichen nicht um historische Betrachtungen. Die Konstrukte sind funktional auf die Gegenwart gerichtet. Die angenommene Krise der Gegenwart bzw. die Wahrnehmung der Gegenwart als defizitär ist wie bereits dargestellt ein Thema, das sowohl in der Konservativen Revolution als auch in zentraler Stellung bei der Neuen Rechten erscheint.[192] Eine wesentliche Rolle spielt dieses Element auch beim neurechten Heidentum. Sie kann entweder wie von Hunke ganz allgemein mit Eigenschaften wie einer tödlich erkrankten Gesellschaft, einer von Zerfall und Zersetzung bedrohten Kultur und dem in eine als tief und ausweglos beschriebenen Krise geratenen Menschen umrissen werden.[193] Andere Autoren sprechen von einem drohenden Verlust der ‚ethnokulturellen Identität' Europas mit der angenommenen Gefahr, Europa könne von der Bildfläche verschwinden.[194] Hinzu kommen Ängste vor einem unwiderruflichen Statusverlust Europas auf weltpolitischer Ebene, vor Überalterung und Aussterben der eigenen Bevölkerung, Zuwanderung und ökonomischem Niedergang.[195] Diese letzte Wahrnehmung ist auch von

---

kalen Individualismus. Damit bekommt der neurechte Nominalismus funktionellen Charakter, um eine bestehenden Universalismus durch einen eigenen zu ersetzen. Vgl. Moreau, Patrick: Die neue Religion der Rasse. Der Biologismus und die kollektive Ethik der Neuen Rechten in Frankreich und Deutschland; in: Fetscher (Hrsg.), a. a. O., S. 121.

[192] Vgl. Kapitel 3.2.1 Die Konservative Revolution als ideologischer Bezugspunkt, S. 44 und Kapitel 3.4 Metapolitik und kulturelle Hegemonie – Der strategische Ansatz, S. 56. Zur Krisenwahrnehmung der Neuen Rechten vgl. auch Jaschke, Hans-Gerd: Frankreich; in: Greß, Franz/Jaschke, Hans-Gerd/Schönekäs, Klaus: Neue Rechte und Rechtsextremismus in Europa, Bundesrepublik, Frankreich, Großbritannien, Opladen 1990, S. 56ff.

[193] Vgl. Hunke, Zwiespalt, a. a. O., S. 11.

[194] Vgl. Faye, a. a. O., S. 193.

[195] Vgl. Binding, Peter: Wiedergewinnung der Identität. Europa zwischen Abdankung und neuer Selbstfindung; in: Krebs (Hrsg.), Das unvergängliche Erbe, a. a. O., S. 36.

Tabelle 1: Christentum und Heidentum bei Benoist und Hunke
Eigene Zusammenstellung

Christentum	Heidentum
- orientalischen Ursprungs mit afrikanischen Einflüssen[196]	- ursprüngliche Religion Europas, indoeuropäische Herkunft - heutiges Heidentum in gewisser Verwandtschaft zur indoeuropäischen Theologie - Fortleben im europäischen Ketzertum - heutige Europäer Erben der indoeuropäischen Kultur[197]
- Egalitarismus und Universalismus als Resultat des Monotheismus - Egalitarismus begründet Kommunismus und Liberalismus - Egalitarismus und Universalismus als Grundlage für Kategorie Menschheit, begründen damit Menschenrechte[198]	- antiegalitär und antiuniversalistisch, da nicht monotheistisch - kein abstrakter Begriff Menschheit, nur ‚Familien' (= Völker)[199] - *Ethnopluralismus*
- Trennung von Irdischem und Geistlichem, dualistische Aufteilung in gutes Jenseits und schlechtes Diesseits[200]	- Strukturelle Verbindung von Natur und Kultur, Welt vom Göttlichen erfüllt[201]

---

[196] Vgl. Benoist, Heide sein, a. a. O., S. 12 und 29; Benoist, rechte Sicht, Band 1, a. a. O., S. 42; Hunke, andere Religion, a. a. O., S. 13 (1997: 12).

[197] Vgl. Benoist, Alain de: Der Konflikt der antiken Kultur mit dem Urchristentum; in: Krebs (Hrsg.), Das unvergängliche Erbe, a. a. O., S. 180; Hunke, andere Religion, a. a. O., S. 63 (1997: 60).

[198] Vgl. Benoist, Heide sein, a. a. O., S: 64f. und 192; Benoist, Kulturrevolution, a. a. O., S. 144; Benoist, Alain de: Die Religion der Menschenrechte; in: Krebs (Hrsg.), Mut zur Identität, a. a. O., S. 44.

[199] Vgl. Benoist, Heide sein, a. a. O., S. 64f., 67, 170 und 190.

[200] Vgl. Hunke, andere Religion, a. a. O., S. 118f (1997: 109f.).

[201] Vgl. Benoist, Heide sein, a. a. O., S. 71; Benoist, Religion der Menschenrechte, a. a. O., S. 47; Hunke, andere Religion, a. a. O., S. 119 (1997: 110).

Christentum	Heidentum
- Mensch unfrei, eingeschränkt durch Gottes Verbote und von Gott getrennt[202]	- Heroischer, freier und über sich hinauswachsender Mensch, hängt mit dem Göttlichen zusammen - Freiheit nicht Recht des Menschen, somit keine individuelle Kategorie, sondern Resultat europäischen Denkens, damit völkische Kategorie[203]
- Leugnung der Besonderheit des Politischen durch Rückbindung von Politik an Moral und Souveränität an Recht - Abschaffung des Politischen durch das Ziel des Weltfriedens[204]	- Anerkennung des Politischen, insbesondere der Verhältnisse Freund-Feind und Befehl-Gehorsam - Staat als innergesellschaftliche Ordnungsmacht erzwingt Gehorsam - Huldigung des Kampfes[205]
- Begründung des Individualismus - Vertrauensbruch zwischen Staat und Individuum - Mensch damit aus dem ihn determinierenden Zusammenhang gerissen[206]	- Mensch existiert nicht, nur Menschen, einzelner Mensch nur im Rahmen seines Volkes und seiner Kultur denkbar - Organische Gemeinschaft als Resultat der indoeuropäischen Tradition[207]
- Grundlage liberaler Demokratie[208]	- *organische Demokratie*
- Begründung des Totalitarismus, da ein Gott eine Wahrheit begründe, der sich alle unterordnen müssten[209]	

---

[202] Vgl. Benoist, Heide sein, a. a. O., S. 92; Hunke, andere Religion, a. a. O., S. 68 (1997: 64).
[203] Vgl. Benoist, Heide sein, a. a. O., S. 92, Hunke, andere Religion, a. a. O., S. 91ff. (1997: 85f.).
[204] Vgl. Benoist, Heide sein, a. a. O., S. 197 und 218.
[205] Vgl. Benoist, Heide sein, a. a. O., S. 212f. und 219; Hunke, andere Religion, a. a. O., S. 435 (1997: 393).
[206] Vgl. Benoits, Heide sein, a. a. O., S. 232.
[207] Vgl. Benoist, Heide sein, a. a. O., S. 190; Benoist, Gleichheitslehre, a. a. O., S. 87 und 90; Benoist, rechte Sicht, Band 1, a. a. O., S. 125.
[208] Vgl. Benoist, Demokratie, a. a. O., S. 26f.
[209] Vgl. Benoist, Gleichheitslehre, a. a. O., S. 87.

der Situation des Kalten Krieges geprägt, die als vollständige Besetzung Europas interpretiert wird. Die Besetzung sei demnach militärischer und ideologischer Art durch die kommunistische Sowjetunion (Osten), sowie wirtschaftlicher und kultureller Art durch den Liberalismus insbesondere der USA (Westen). Sowohl Kommunismus als auch Liberalismus werden auf eine gemeinsame Grundlage zurückgeführt, den Egalitarismus, der seinerseits ein Produkt des Juden-Christentums sei.[210]

„Für mich ist der Feind demnach nicht etwa ‚die Linke' oder ‚der Kommunismus' oder ‚die Subversion', sondern vielmehr jene Gleichheitslehre, deren geistliche oder weltliche, metaphysische oder angeblich ‚wissenschaftliche' Formulierungen seit zweitausend Jahren ununterbrochen blühen, für die jene ‚Ideen von 1789' nur seine Zwischenstufe darstellten, während die gegenwärtige Subversion und der Kommunismus ihre unvermeidliche Endstufe signalisieren."[211]

Innerhalb der nunmehr auf die politische Gegenwart angewendeten Feindbestimmung wird weiter hierarchisiert. Die Identifizierung des hauptsächlich zu bekämpfenden Systems unter der Maßgabe, dass nur zwei Lager existieren, zwischen denen gewählt werden müsse, habe sich danach zu richten, welches Lager sich in der Praxis als schlimmer erweise, das also in stärkerem Maße universalistisch, egalitär und kosmopolitisch sei. Unter den politischen Realitäten des Kalten Krieges sei der Hauptfeind das Lager,

„dessen Vorhandensein und Beibehaltung die Völker in die tiefste Entartung reißen" würde, „dessen Begleiterscheinungen in unabwendbarer Weise die gesellschaftliche Auflösung und die Aushöhlung der kollektiven Identitäten hervorrufen würden [...]. Der Hauptfeind ist der bürgerliche Liberalismus und der atlantisch-amerikanische ‚Westen'".[212]

Die Feinderklärung an die USA erfährt denn auch ihre Anwendung durch scharfe verbale Angriffe in Form stereotyper Zuschreibungen. Zu den bereits benannten Vorwürfen von Universalismus, Egalitarismus und Kosmopolitismus gesellen sich die Vorwürfe, es handele sich nicht um eine echte Nation, sondern lediglich um ein Gemenge von Frauen und Männern und von Kulturlosigkeit.

---

[210] Vgl. Benoist, Kulturrevolution, a. a. O., S. 128 und 144.
[211] Benoist, rechte Sicht, Band 1, a. a. O., S. 12.
[212] Benoist, Kulturrevolution, a. a. O., S. 132f. Eine sehr ähnliche Formulierung wird auch verwendet in Benoist, Alain de: Die entscheidenden Jahre. Zur Erkennung des Hauptfeindes, Tübingen 1982, S. 19f. Dieses Buch Benoists widmet sich ausführlich der Legitimation der vorrangigen Bekämpfung des westlichen Liberalismus. Im Schlusskapitel ‚Untergang ist schlimmer als Diktatur', ebd., S. 87f. mündet dies in der Feststellung: „Manche können sich nicht mit dem Gedanken abfinden, eines Tages die Mütze der Roten Armee tragen zu müssen. Wahrlich keine angenehme Zukunftsaussicht! Wir aber dulden nicht den Gedanken, einmal bei Brooklyn unsere restlichen Tage mit **hamburgers** ver-leben [!] zu müssen." Ebd., S. 87f.

Die Vereinigten Staaten von Amerika werden nicht nur zum Gegenprinzip, sondern auch zum zersetzenden Element wahrer Existenz von Kultur und Nation stilisiert.[213]

Die Rückbindung von Liberalismus und Kommunismus an eine gemeinsame Basis ermöglicht jedoch die schwerpunktmäßige Bekämpfung einer der politischen Ideen, ohne sich dafür dem anderen Lager anschließen zu müssen. Die Bekämpfung des Einen ist immer auch die Bekämpfung des Anderen. In der bipolaren Welt des Kalten Krieges entsteht ein dritter Weg. Beide politische Theorien bekommen somit nicht den Status der Ursache, sondern werden zum Symptom der Krise. Bezeichnend dafür ist auch die Ablehnung des Begriffs Abendland, weil dieser neben Europa auch die USA und Israel umfasse, eine Trennung von Osteuropa bewirke und im Umkehrschluss die Einbettung in das amerikanische Lager. Dem steht die Eigenwahrnehmung gegenüber: *„Zwischen der Unendlichkeit des Ostens und dem hochentwickelten Westen sind wir von der Erde, vom Geist, vom Kontinent, vom Volk der Mitte."*[214]

Die Interpretation von Liberalismus und Kommunismus als christlich fundierte Ideologien erfolgt nicht nur über den Egalitarismus. Da der Liberalismus die hauptsächliche Feindfigur und zudem die politische Theorie ist, mit der die Neue Rechte unmittelbar konfrontiert ist, findet auch die hauptsächliche Auseinandersetzung damit statt. Die Elemente des Liberalismus, die in der Neuen Rechten auf jüdisch-christliche Wurzeln zurückgeführt werden, werden daher an anderer Stelle noch ausführlicher behandelt.[215] Zentral sind dies neben dem Egalitarismus auch die Menschenrechte als vorkonstitutionelle und damit naturrechtliche Kategorie sowie Individualismus als Ursache des Vertrauensbruches mit dem Staat und somit eines als schädlich definierten innerstaatlichen Plura-

---

[213] Vgl. Benoist, rechte Sicht, Band 2, a. a. O., S. 321ff.
[214] Vgl. Benoist, Kulturrevolution, a. a. O., S. 128, Zitat S. 130. Dieser Versuch, Europa als unabhängige Macht darzustellen, mündet in einer Art Befreiungsnationalismus, der sich in Sympathiebekundungen gegenüber Staaten der dritten Welt äußert bzw. in dem von Benoist in einigen dieser Staaten wahrgenommenen Streben gegen die *„Gleichschaltung mit den Supermächten"*. Benoist, Die entscheidenden Jahre, a. a. O., S. 16. Die Staaten der dritten Welt werden somit als Machtoption wahrgenommen, um die Vorherrschaft der beiden Supermächte zu beenden. Die Sympathiebekundungen führen in einem zweiten Schritt zu dem Versuch Benoists, den Begriff ‚dritte Welt' inhaltlich neu zu füllen und Europa zu deren Bestandteil zu erklären: *„Der Begriff ‚Dritte Welt' könnte somit eine andere Bedeutung bekommen. Jedes Land, dazu berufen, sich den beiden Supermächten zu widersetzen, würde demnach zur Dritten Welt gehören, zumal beide Großmächte jeweils die Vorzüge der anderen zur Geltung bringen und außerdem von derselben totalitären Anmaßung zeugen, sich als einzige Alternative zu erklären. In diesem Sinne gehört auch Europa der Dritten Welt potentiell an."* Ebd., S. 17.
[215] Vgl. dazu Kapitel 4.2.3 Neurechtes Politik- und Demokratieverständnis und Heidentum, S. 79ff. und Tabelle 1, S. 67f.

lismus. Der Kommunismus wiederum verweltliche lediglich die dualistischen Strukturen des Christentums.

„*Was die Struktur anbetrifft, findet man in diesem Schema, wenn man es auf die Erde herabholt und das **Jenseits** durch das **Diesseits**, ersetzt, genau jenes der marxistischen Theorie wieder: früher lebte der Mensch im Urkommunismus glücklich. Doch eines Tages beging er eine Sünde.*"[216]

Der Sündenfall sei die Einführung des Eigentums an den Produktionsmitteln und die Arbeitsteilung gewesen, der zu den gegebenen Machtverhältnissen und den daraus resultierenden Konflikten geführt hätte. Indem sich aber die unterdrückte Klasse zum kollektiven Messias erhebe, stehe am Ende das Paradies der klassenlosen Gesellschaft, in dem der Urkommunismus wieder verwirklicht sei.[217]

Die These, dass liberale Demokratie und Kommunismus, indem sie sich auf die Französische Revolution und die Aufklärung beriefen, aus der gleichen Quelle hervorgegangen seien, wird von Benoist auch noch nach Ende der Blockkonfrontation vertreten.[218] Insgesamt ändert sich wenig an Benoists Ausführungen nach dem Zusammenbruch der Sowjetunion. In einem Essay aus dem Jahr 1999 mit dem Titel „Manifest. Die Nouvelle Droite des Jahres 2000"[219] wird die Krise bei ihm zu einer umfassenden Krise der Moderne. Die Moderne ist dabei durch fünf Elemente gekennzeichnet, nämlich Individualisierung, Vermassung, Entsakralisierung, Rationalisierung und Universalisierung und erhält damit eine Reihe von der Neuen Rechten abgelehnter Eigenschaften. Beginnen lässt er die Moderne mit der Aufklärung und schreibt ihr sämtliche seitdem aufgetretenen politischen Erscheinungen zu. Liberalismus, Sozialismus, Kommunismus, Nationalismus, Faschismus und Nationalsozialismus, denen er ohne jede Differenzierung Genozide, Ethnozide, Massenmorde und totale Kriege zuschreibt,[220] werden so zu Phänomenen der Moderne, die nationalsozialistischen Verbrechen ebenfalls zu ihrem Produkt. Die Moderne sei zu überwinden „*durch einen **Rückgriff** auf bestimmte vormoderne Werte in einer bewußt postmodernen*

---

[216] Benoist, Gleichheitslehre, a. a. O., S. 82, Hervorhebungen im Original.
[217] Vgl. ebd., S. 82f. Deutlich ist an dieser Stelle der Bezug auf Hunke, die bereits zu Beginn der siebziger Jahre eine nahezu identische Argumentationskette anführte. Vgl. Hunke, Zwiespalt, a. a. O., S. 75f.
[218] Vgl. Benoist, Alain de: Totalitarismus. Kommunismus und Nationalsozialismus – die andere Moderne 1917 - 1989, Berlin 2001, S. 144. Das Vorwort dieses Buches wurde von Ernst Nolte verfasst und zeugt einmal mehr von den gegenseitigen Einflüssen zwischen französischer und deutscher Neuer Rechter.
[219] Veröffentlicht in Benoist, Alain de: Aufstand der Kulturen. Europäisches Manifest für das 21. Jahrhundert, Berlin 1999, S. 11 - 58. Bei diesem Band handelt es sich um eine Zusammenstellung von Texten Benoists, die er in den neunziger Jahren verfasst hat. Erschienen ist der Band im Verlag der neurechten Wochenzeitung ‚Junge Freiheit'.
[220] Vgl. ebd. S. 13ff.

Blickrichtung. "²²¹ Stärker betont als bei älteren Texten werden antikapitalistische und gegen die Globalisierung gerichtete Aussagen. Dies ist im Kontext der Feststellung zu sehen, die alten Trennungslinien der Moderne, vor allem zwischen links und rechts, seien überholt,²²² der Brückenschlag nach links wird vermutlich bewusst vollzogen, im Sinne der Bildung einer Querfront. Dieses „Manifest" besteht überwiegend aus einer Aneinanderreihung von Phrasen. Ein Leser, der mit Benoists früheren Veröffentlichungen nicht vertraut ist, dürfte wenig davon verstehen. Jedoch unterstreichen die vielen thematischen Anspielungen in diesem Text auf frühere Positionen, dass sich inhaltlich wenig geändert hat. Ein wichtiger Aspekt sei jedoch noch benannt. Da die Aufklärung für Benoist Resultat des Europa eigentlich fremden jüdisch-christlichen Monotheismus ist, werden alle diese Erscheinungen zu etwas uneuropäischem gemacht. Nationalsozialismus und Kommunismus werden dabei gezielt in die Tradition der Moderne gestellt, wobei eine Hauptfunktion in der Entlastung des Nationalsozialismus und der Dämonisierung des Kommunismus und des Liberalismus zu sehen ist. Deutlicher wird dies in einem anderen Werk mit dem Titel „Totalitarismus. Kommunismus und Nationalsozialismus – die andere Moderne".²²³

Indem das Christentum als Ursache für die Krise ausgemacht wird, verantwortlich für eine angenommene Beziehungs- und Sinnlosigkeit, der der moderne Mensch ausgesetzt sei, weil es die Göttlichkeit in der Welt verleugnet, damit zur Bindungslosigkeit geführt und den Menschen seiner Menschlichkeit beraubt habe,²²⁴ wird das Heidentum zum Ausweg aus der Krise. Ein Ausweg, der durch die Jahrhunderte hindurch immer existiert habe, durch die europäischen Ketzer vorgelebt worden sei und sich nun Bahn brechen werde zu einer großen europäischen Zukunft.

*„Zweifellos ist die Stunde gekommen, da der dualistische Orientalismus an seiner Sündigkeitserklärung des Menschen, an seiner Verelendung der Wirklichkeit und seiner Zerspaltung der Welt zugrunde gehen und die trotz seiner am Leben gebliebene andere Religion Europas – die ‚europäische Religion' – in Wiederheiligung der Wirklichkeit und des Menschen und Heilung einer kranken und gespaltenen Welt Europa endlich besitzen und es zu seiner erst jetzt beginnenden ‚europäischen' Zukunft bevollmächtigen wird."*²²⁵

---

[221] Ebd., S. 17, Hervorhebung im Original.
[222] Vgl. ebd., S. 11f.
[223] Vgl. Benoist, Totalitarismus, a. a. O., z. B. S. 51, 62, 143f.
[224] Vgl. Hunke, Europas andere Religion, a. a. O., S. 315f. (1997: 284f.).
[225] Hunke, Europas andere Religion, a. a. O., S. 505 (1997: 458).

4.2.2 Fremdes und Eigenes – Heidentum als Identitätsgrundlage

Die neurechten Konzeptionen von Heidentum beschränken sich nicht darauf, die eigenen Ansichten bzw. Glaubensinhalte darzustellen, vielmehr beschreiben sie Eigen- und Fremdelemente. Da der Mensch nicht getrennt von seiner Kultur, d. h. von seiner räumlichen Umwelt und seinem als zeitlos angesehenen Erbe zu betrachten sei, geht es der Neuen Rechten darum, die eigenen Werte wiederzufinden und von fremden zu befreien.[226] Insofern muss eine Darstellung erfolgen, welche Eigenschaften Heidentum und Christentum zugesprochen werden. Beide werden in der Neuen Rechten auf ihre vermeintlichen Wurzeln zurück geführt, sowohl was die Glaubensinhalte betrifft als auch den geographischen Ursprung.

Die inhaltliche Fremdheit des Christentums gründet sich aus neurechter Sicht in dessen Universalismus, Egalitarismus und Dualismus. Hinzu kommen Zuschreibungen, wie Gott wahrgenommen werde, nämlich als unbarmherzig, rächend und strafend. Des weiteren sei das Christentum vom Ursprung wie auch von den wesentlichen Zügen her eine orientalische Religion, wobei orientalisch hier mit jüdisch gleichgesetzt wird. *„Jahwe, Gott der arabischen Wüsten, ist ein einsamer und eifersüchtiger, ein ausschließlicher und grausamer Gott."*[227] Diese Zuschreibung Benoists ist deutlich an Hunke orientiert, die den Ursprung dieser Gotteswahrnehmung aufzudecken versucht. Bei dem Volk, das diese Wahrnehmung hervor gebracht habe, handele es sich um ein ursprünglich im armenischen Hochgebirge beheimatetes Volk, die Hurriter (Churri), das von Sprache und Herkunft weder semitisch noch indogermanisch sei. Bedingt durch die Ausbreitung der Indogermanen, sei es in einer Art Verdrängungsprozess auch bei den Hurritern zur Wanderungsbewegungen gekommen. Lange vor der Einwanderung der israelitischen Stämme hätten die Hurriter ganz Syrien und Palästina besetzt, wodurch das Gebiet vollständig ‚hurritisiert' worden sei.

„In den von ihnen durchsetzten Völkern haben die Churri geistig und blutsmäßig nachhaltige Wirkung hinterlassen. [...] Stilpsychologisch läßt sich noch im Palästina Israels das einheitliche Stilgefüge dieses Menschentums, das auch der assyrischen Welt seinen Stempel aufdrückte, deutlich sich vom arabisch-semitischen abhebend, erkennen."[228]

---

[226] Vgl. Benoist, Gleichheitslehre, a. a. O., S. 90.
[227] Vgl. Benoist, Konflikt der antiken Kultur, a. a. O., S. 180, Zitat S. 181.
[228] Hunke, andere Religion, a. a. O., S. 30 (1997: 29). Wie weiter unten ausgeführt wird, ist bei Hunke jüdisch strukturell mit hurritisch verbunden. Der Hintergrund der Abspaltung hurritisch von indogermanisch ist eindeutig, auch hier soll etwas Fremdes vom Eigenen getrennt werden. Die Abgrenzung von arabisch-semitisch ist Hunkes positiver Einstellung gegenüber dem arabischen Raum geschuldet, weswegen sie eine Differenzierung vornehmen muss. Eine detaillierte Ausführung dieses Sachverhaltes würde zu weit führen. Ein

Die Religion der Hurriter sei durch Misstrauen gekennzeichnet, das aus den harten Lebensbedingungen resultiere, unter denen das Volk im armenischen Hochgebirge lebte und deren Nachkommen in Palästina heimisch geworden seien. Während die Welt für die Griechen geordnet, für die Römer das Geborene, das Gewachsene, für die Indoarier ein wohlgefügtes Weltgebäude und für die Germanen das Heilsland sei, sei die Welt der Hurriter schreckvoll, unberechenbar, grausam, zerstörerisch, willkürlich, tückisch, unheilvoll und böse. Die Eigenschaften, durch die ihre Welt gekennzeichnet sei, hätten die Hurriter auch ihrem Gott beigelegt. Was zunächst nur angedeutet wird, nämlich dass Hunke hurritisch sagt und jüdisch meint, wird etwas deutlicher, wenn sie den hurritischen Gott unvermittelt mit dem Namen Jahwe versieht.[229] Später wird es aber auch explizit, dass ‚die Juden' zum Träger und Wegbereiter der hurritischen Weltsicht geworden seien.

„Wie zweieinhalb Jahrtausende zuvor die hurritischen Völkerwellen aus den nördlichen Gebirgsländern den Vorderen Orient überspülten, so folgt ihnen jetzt, gefördert durch die politische Abhängigkeit, eine neue mächtige Woge hurritischen Geistes. Sie wird von den in Knechtschaft, innerer Uneinigkeit, in Drangsal und Elend lebenden Juden inbrünstig aufgefangen und läßt in ihnen die Erwartung der Endzeit, der Auferstehung der Toten, der Erlösung der Gerechten und des Jüngsten Gerichts der Gottlosen, Bösen zugleich mit asketischer Abwendung von der Sündenwelt in einem eschatologischen Rausch anschwellen."[230]

Wie bereits dargestellt bildet der von Hunke als orientalisch-hurritisch bezeichnete Dualismus nur eine Wurzel des Christentums, die andere bilde der griechische Dualismus.[231] Auf der anderen Seite sieht sie jedoch im antiken Griechenland eine Wurzel der europäischen Religion. Diesen Widerspruch in der Argumentation umgeht sie auf zwei Wegen. Auf den einen wurde bereits hingewiesen: Sie führt den griechischen Dualismus auf orientalischen und damit letztlich jüdischen Einfluss zurück. Gleichzeitig trennt sie die Griechen in zwei Gruppen, von denen nur eine für die Verbreitung des Dualismus verantwortlich sei. Das dualistische Denkmodell gehe demnach auf das mittelländische Festlandgriechentum zurück. Demgegenüber stünden die ionischen Griechen, *„die*

---

wichtiger Aspekt ist dabei jedoch, dass sie annimmt, die arabische Wissenschaft habe die europäische Wissenschaft, die durch das Einsickern des Orientalismus nach Griechenland verkümmert sei, wiedererweckt bzw. den Schlüssel geliefert, damit sie sich vom Fremdeinfluss befreien konnte. Vgl. Hunke, Sigrid: Glauben und Wissen. Die Einheit europäischer Religion und Naturwissenschaft, Düsseldorf/Wien 1979, S. 126 und 163f.

[229] Vgl. Hunke, andere Religion, a. a. O., S. 30ff. (1997: 30f.).
[230] Hunke, ebd., S. 36 (1997: 34). Zum antisemitischen Gehalt dieser Konstruktion vgl. Kapitel 5.2 Die antisemitische Fundierung, S. 87ff.
[231] Vgl. Kapitel 4.1.2 Sigrid Hunke, S. 61ff.

in der indogermanischen Wanderung bis an den kleinasiatischen Küstenstreifen vorgedrungen waren und die wir als Vorsokratiker kennen."²³²
Der Definition des Fremden steht die Rückbesinnung auf das Eigene gegenüber, d. h. insbesondere das eigene Denken und die eigenen Ursprünge. Dass die Einheit ein wesentlicher Glaubensinhalt ist, wurde bereits ausgeführt. Benoist führt des weiteren eine Verwandtschaft des neurechten Heidentums zu indoeuropäischen Traditionen, Wertvorstellungen sowie mythologischen und kulturellen Elementen an. Der Bezug erfolgt dabei über die Sprachforschung, ignorierend, dass ‚indoeuropäisch' eigentlich nur eine Sprachfamilie bezeichnet. Diese Sprachfamilie wird jedoch als Grundlage genommen, um darauf ein indoeuropäisches Volk zu begründen, das explizit nicht nur als Gemeinschaft von Menschen mit gleicher Sprache verstanden wird, sondern die gängigen neurechten Zuschreibungen wie ethnische und kulturelle Homogenität erhält.²³³ Indoeuropäisch ist damit nicht mehr nur die Bezeichnung für eine bestimmte Sprachfamilie, sondern wird zum Ausdruck von ‚Rasse'. Zur Untermauerung dessen gebe es, laut Haudry, zwei Informationsquellen. Zum einen eine mittelbare in Form der ‚linguistischen Paläontologie' und eine unmittelbare in Gestalt der indoeuropäischen Tradition. Über die Rekonstruktion ‚begrifflicher Schemen' leitet Haudry eine literarische Tradition ab, die allerdings in diesem Falle nur in Form mündlicher Überlieferung existiere. Diese Tradition sei es nun, die über Werte, Ideale, Hauptbestrebungen und Hauptsorgen der Indoeuropäer berichte. Aus dieser Tradition heraus sei es auch möglich, den physischen Haupttypus der Indoeuropäer zu bestimmen, der im ‚nordischen Typus' bestanden habe und der bei Haudry mit dem Heldischen, dem Aristokratischen gleich gesetzt wird, während die dunkleren Typen für die ‚niederen Elemente' stünden. Der Versuch, die letzte gemeinsame Heimat der Indoeuropäer zu ermitteln, sei über die Tradition hingegen nicht möglich. Dafür gebe die indische, iranische und keltische Mythologie unter zu Hilfenahme von Daten aus dem antiken Griechenland Auskunft über die Urheimat, die in arktischen Gefilden zu suchen sei. *„Im Großen [!] Norden müssen wir nach unseren tiefsten Wurzeln suchen; von dort stammen unsere ältesten und heiligsten Traditionen."*²³⁴ Auch Benoist begibt sich auf die Suche nach der indoeuropäischen Urheimat. Dabei verbindet er zwei Thesen, die seiner Auskunft nach bereits existieren würden und zum einen diese Heimat in Norddeutschland und Südskandinavien und zum anderen in Südrussland ansiedeln. Benoists Schlussfolgerung: *„Die Urheimat könnte somit in einem Gebiet zwischen Elbe und Weichsel lokalisiert werden, das sich im Norden bis Jütland,*

---

[232] Hunke, Glauben und Wissen, a. a. O., S. 26.
[233] Vgl. Haudry, Jean: Die indoeuropäische Tradition als Wurzel unserer Identität; in: Krebs (Hrsg.), Mut zur Identität, a. a. O., S. 107ff.; ähnlich Benoist, rechte Sicht, Band 1, a. a. O., S. 42f.
[234] Vgl. Haudry, a. a. O., S. 109ff., Zitat S. 115.

im Süden bis zum Gebirgszug der Karpaten erstrecken würde."[235] Die Suche nach dem geographischen Ursprung hat einen Zweck. Benoist hat im ersten Band seines Werkes „Aus rechter Sicht" im Kapitel ‚Erbe' ausführliche Betrachtungen über die indoeuropäische Kultur und deren Verbreitung angestellt. In der Konsequenz laufen diese Ausführungen darauf hinaus, dass die Indoeuropäer zu den Begründern zahlreicher Hochkulturen ernannt werden.[236] Wesentlich sind auch die Ausführungen zur indoeuropäischen Theologie. Während der jüdisch-christliche Monotheismus mit der Idee des einen Vaters den Egalitarismus begründe, finde eine solche Auffassung vom Gesellschaftsursprung durch einen Vater hier keine Entsprechung.

„Im Gegenteil sind einzig ewige Wieder-Anfänge mit zahlreichen und unterschiedlichen Vätern festzustellen, die eine bestimmte Aufgabe haben und deren sich ergänzende Verknüpfung bereits auf den organischen Charakter der Gesellschaft hinweist, die hervorzubringen sie berufen sind."[237]

Erst das Zusammenspiel der verschiedenen Götter mit ihren unterschiedlichen Funktionen konstituiert demnach die Gesellschaft als Ganzes. Was das bedeutet, führt Benoist am Beispiel des nordischen Götterpantheons aus. Demnach habe dies drei Funktionen, die auch die ideologische Ordnung der Indoeuropäer bestimmen würden: Das Priestertum in Verbindung mit Souveränität, verkörpert z. B. durch Tyr und Odin; die kriegerische Macht, repräsentiert z. B. durch Thor und die Fruchtbarkeit und Einträglichkeit, dargestellt z. B. durch Freyja.[238]

„Gleichzeitig drückt das Verhältnis Odin-Thor das ursprüngliche Verhältnis zweier Altersklassen aus: Vater und Sohn, Herrscher und Krieger, König und Ritter. Die dritte Funktion dagegen, die der (menschlichen) Fruchtbarkeit und der (wirtschaftlichen) Ergiebigkeit gilt, bezieht sich einerseits auf das weibliche Element

---

[235] Benoist, rechte Sicht, Band 1, a. a. O., S. 46.
[236] Vgl. ebd., S. 35 - 151. *„Die gesamte alte Geschichte Europas dreht sich um zwei wellenartige indoeuropäische Völkerwanderungen, die eine in dem Zeitraum 2200 - 2000, die andere um das Jahr 1250 vor unserer Zeitrechnung. Von ihnen gehen die iranische und die wedische Volksgemeinschaft, das hethitische Reich und die Reiche Kleinasiens, die historischen Kulturen der Griechen und Lateiner, der Kelten und Germanen aus."* Ebd., S. 51. Auch Haudry sieht die Indoeuropäer als Zivilisationsquelle, deren Wirken bis in die Gegenwart reicht. *„Zieht man die Gesamtheit der Industrie- und der entwickelten Länder in der gegenwärtigen Welt in Betracht, so stellt sich nämlich heraus, daß bis auf eine einzige Ausnahme [...] alle dem indoeuropäischen Sprachbereich angehören."* Haudry, a. a. O., S. 132. Bei der Ausnahme handele es sich um Japan, allerdings wird auch hier sofort relativiert, indem er die japanische Tradition als von der indoeuropäischen beeinflusst darstellt. Vgl. ebd., S. 132f.
[237] Benoist, Heide sein, a. a. O., S. 67.
[238] Vgl. Benoist, rechte Sicht, Band 1, a. a. O., S. 125.

(ohne Rücksicht auf das Alter), andererseits auf die große Menge: den Pöbel, die Masse, den dritten Stand."[239]

Aus den angenommenen drei Funktionen des Götterpantheons wird somit ein klar hierarchisch gegliedertes Gesellschaftsbild abgeleitet mit fest zugeschriebenen Geschlechterrollen. Deutlich zeigt sich die Doppelstruktur der Konzeptionen von Heidentum, die sich antithetisch zwischen Ablehnung des Fremden und der Zuwendung zum Eigenen aufbaut. Das Christentum ist hier nicht nur deshalb fremd, weil es eine andere Religion darstellt und damit andere Glaubensinhalte hat. Ebenso werden die Ursprünge geographisch außerhalb Europas verortet und ein anderer völkischer, ein ‚artfremder' Ursprung damit verbunden. Insbesondere bei Hunke ist das Zusammenspiel zwischen Natur, Kultur und Erbe klar zu erkennen, wobei Natur hier zusammengesetzt wird aus blutsmäßiger Abstammung und ursprünglicher Umwelt, die auch durch Wanderungsbewegungen nicht verleugnet werden können. Wiederum dürfen die historischen Betrachtungen nicht darüber hinweg täuschen, dass es eigentlich um die Veränderung der Gegenwart geht. Die Fremdheit der christlichen gegenüber der europäischen Religion beruhe auf einer grundsätzlich anderen Bewusstseinsstruktur, die, laut Hunke, die Ursache für alle Aufstände der europäischen Ketzer gewesen sei. Anfangs nur von wenigen vertreten habe es sich zu ganzen Bewegungen ausgebreitet und zum grundsätzlichen Ketzertum von 95% der heutigen Europäer geführt.[240]

„Die Unvereinbarkeit verschiedener, auf verschiedenartigen Denkstrukturen beruhender religiöser Auffassungsweisen muß, wo eine starke religiöse Potenz vorhanden ist wie in diesem niemals religionsmüde gewordenen Europa, notwendig zu ständigen Konflikten und schließlich zur Abstoßung des Ungemäßen führen."[241]

Echte Frömmigkeit gebe es laut Benoist nur vom Sohn gegenüber dem Vater und in weiterer Verbindung gegenüber den Ahnen, der Gesellschaft und dem Volk. Jesus habe den Prozess der Väterverleugnung eingeleitet, indem er sich zum Sohn Gottes erklärte. Demgegenüber postuliert Benoist die Hinwendung zu den Ahnen.[242] Für die heidnische Neue Rechte spielt dabei der Bezug auf die indoeuropäische Tradition eine herausragende Rolle. Sowohl Haudry spricht davon, dass diese Tradition ‚unsere Tradition' sei, als auch Benoist, der alle heutigen Europäer – er nennt dabei die Zahl von 450 Millionen – zu Erben der selben Kultur erklärt, nämlich der ihrer Ahnen, den Indoeuropäern.[243] Das hat un-

---

[239] Ebd., S. 129.
[240] Vgl. Hunke, andere Religion, a. a. O., S. 456 (1997: 413). Wie sie auf 95% kommt, erklärt sie nicht.
[241] Ebd., S. 493 (1997: 447).
[242] Vgl. Benoist, Gleichheitslehre, a. a. O., S. 103.
[243] Vgl. Haudry, a. a. O., S. 115; Benoist, rechte Sicht, Band 1, a. a. O., S. 42.

mittelbare Konsequenzen für die Gegenwart. Zum einen kann somit das von Benoist aus dem nordischen Götterpantheon abgeleitete Gesellschaftsmodell als präferierte Form des Zusammenlebens für die Gegenwart verstanden werden, zumindest dessen wesentliche Bestandteile, die in einer streng autoritär und hierarchischen Struktur mit klaren geschlechtsbedingten Rollenzuweisungen besteht. Zum anderen wird damit eine einheitliche Identität geschaffen, die als Kompensation der wahrgenommenen Schwäche der europäischen Staaten gegenüber den beiden politischen Großmächten USA und UdSSR bzw. später nur noch den USA dient. Die vermeintliche Größe der Vergangenheit, als Europa noch mit sich im Einklang war, dient als Vorbild für die Prognose einer großen Zukunft. *„Die am weitesten zurückliegende Vergangenheit regt zur mächtigen Zukunft an"*, heißt es bei Benoist.[244] Letztlich wird durch den Rückgriff auf die gemeinsame Vergangenheit eine ‚Nation Europa' für die Gegenwart geschaffen bzw. als reale und natürliche Option dargestellt, die zwar nicht die Auflösung der Einzelstaaten bedeuten muss, diese aber ein einigendes Band gegen USA und UdSSR erhalten.[245] Gegenüber der in neurechter Diktion falschen Nation USA handelt es sich hier um eine echte Nation, von Benoist definiert als Schicksalseinheit, die eine gewisse menschliche Einheitlichkeit benötige in traditioneller, kultureller und ethnischer Hinsicht.[246]

Indem das Christentum ins Zentrum der Kritik gestellt wird als Ursache von Liberalismus und Kommunismus, es zusätzlich zur geographischen, kulturellen und von der Denkart her uneuropäischen Erscheinung gemacht wird, rückt für den Gegenentwurf automatisch das Heidentum in den Blick. So heißt es bei Faye:

„Europa seine Identität und Größe wiederzugeben heißt, es auf den schmalen Weg seiner Wieder-Vergeistigung außerhalb eines nunmehr religiös sterilen

---

[244] Benoist, rechte Sicht Band 1, a. a. O., S. 54.
[245] So heißt es bei Binding: *„Denn erst die Erkenntnis und Anerkenntnis der völkischen und kulturellen Vielfalt und Vielgestalt der europäischen Nationen, Verständnis und Achtung für die anderen Volkspersönlichkeiten in ihrer Eigenart und ihrem Eigenwert ermöglichen ja den Zusammenklang, den ein mit sich selbst identisches Europa braucht."* Binding, a. a. O., S. 46. Diese Identität werde über die Rückbindung an die gemeinsame germanische Vergangenheit erreicht. Vgl. ebd., S. 49. Bei Benoist heißt es dazu Ende der neunziger Jahre: *„Um seine Unabhängigkeit gegenüber den USA und den neuen zutage tretenden Zivilisationen zu sichern, ist Europa dazu berufen, sich auf einer bundesstaatlichen Grundlage aufzubauen, die die Eigenständigkeit aller seiner Bestandteile anerkennt und die Zusammenarbeit der es zusammensetzenden Regionen und Nationen gestaltet. Die europäische Zivilisation wird über die Zusammensetzung seiner historischen – regionalen wie nationalen – Kulturen, und nicht durch deren Verneinung zustande kommen und damit allen Einwohnern Europas ermöglichen, sich ihrer gemeinsamen Wurzeln wieder bewußt zu werden."* Benoist, Aufstand der Kulturen, a. a. O., S. 48.
[246] Vgl. Benoist, rechte Sicht, Band 2, a. a. O., S. 321.

Judao-Christentums zu bringen. Es hieße also, einen Rückgriff auf den Paganismus zu ‚erfinden'".[247]

Gemäß der heidnisch neurechten Logik der konsequenten Gegnerschaft zum Christentum, ist das Heidentum ein wesentlicher Baustein zur Begründung der eigenen Identität.

4.2.3 Neurechtes Politik- und Demokratieverständnis und Heidentum

Heidentum wird in der Neuen Rechten zur legitimatorischen Grundlage für einige zentrale Ideologieelemente bzw. es dient als Erklärungsansatz. Als heidnisch wird hier auch das interpretiert, was nicht ausdrücklich unter dieser Bezeichnung geführt wird, sondern auch Werte und Ideologieelemente, die in absoluter Abgrenzung zum Christentum vertreten werden.[248] Der Rückgriff auf die nordische Mythologie zur Legitimation eines hierarchischen Gesellschaftsmodells wurde bereits genannt.

Indem die Bibel das Politische ständig auf die Moral und die Souveränität auf das Recht zurückführe, erkenne sie die Besonderheit des Politischen nicht an.[249] Diese Besonderheit liege im Verhältnis von Befehl und Gehorsam, aus dem die Ordnung hervor gehe, im Verhältnis von Privatem und Öffentlichem, das die Meinung, und im Verhältnis von Freund und Feind, das den Kampf bestimme. Weil dies so sei, rufe dieses Politikverständnis zwangsläufig die Feindschaft derjenigen hervor, die die natürlichen Herrschaftsverhältnisse, die aus der Vielgestaltigkeit der Menschheit hervorgingen, nicht anerkennen wollen. Die normale Instanz des Politischen sei jedoch der Staat, der die zwei wesentlichen Aufgaben habe, nach außen hin den Feind zu bestimmen und nach innen Ruhe und Ordnung herzustellen, um einen Bürgerkrieg zu vermeiden.[250] Da die Bibel danach trachte, den Weltfrieden herzustellen, strebe sie das Ende des Politischen an, die klassenlose Gesellschaft bei Marx habe die gleiche Intention. Demgegenüber huldige das Heidentum dem Konflikt der Gegensätze und dem Kampf als positiver Grundtatsache.[251] Deutlich zu erkennen sind die Bezüge zum Politikverständnis von Carl Schmitt: Die Unterteilung in Freund und Feind, Politik als

---

[247] Faye, a. a. O., S. 217.
[248] Zur Begründung dessen vgl. Kapitel 4.1.3 Bewertung der beiden Ansätze, S. 64ff.
[249] Vgl. Benoist, Heide sein, a. a. O., S. 197. Ähnlich in Benoist, rechte Sicht, Band 2, a. a. O., S. 26 und Benoist, Demokratie, a. a. O., S. 66.
[250] Vgl. Benoist, Heide sein, a. a. O., S. 212f.
[251] Vgl. ebd., S. 219f. Hunke sieht die Grundlage des vorchristlichen mittel- und nordeuropäischen Glaubens in folgendem Punkt: „*Das Wesen der Welt ist ein Gegeneinander von Freund und Feind, ist Kampf.*" Hunke, andere Religion, a. a. O., S. 435 (1997: 393).

nach außen gerichtete Kategorie, der Staat als Ordnungsfaktor, der die innere Homogenität erzwingt.[252]

Der Verweis, dieses vermeintlich natürliche Politikverständnis rufe beständig die Feindschaft derer hervor, die das daraus resultierende Herrschaftsverhältnis und die Vielgestaltigkeit der Menschheit negierten, deutet weitere Ideologieelemente an: Es enthält einen Angriff auf den Monotheismus sowie die Andeutung des ethnopluralistischen Konzepts der Neuen Rechten.[253] Denn wenn ein Gott eine Menschheit und damit die Menschenrechte konstituiert, dann ist die Folge eines polytheistischen Systems absehbar:

„Ein System, das eine unbegrenzte Zahl an Göttern zuläßt, läßt zugleich nicht nur die Vielzahl der ihnen geweihten Kulte zu, sondern auch, und vor allem, die Vielzahl an Sitten, an gesellschaftspolitischen Systemen, an Weltanschauungen, die in diesen Göttern ihren jeweils geläuterten Ausdruck haben."[254]

Eine vielgestaltige Welt konstituiert letztlich die von der Neuen Rechten gegen die Menschenrechte angeführten Völkerrechte. Zwar ist ein partieller Widerspruch in dieser Aussage enthalten, denn sie liest sich so, als könne daraus ein innergesellschaftlicher Pluralismus abgeleitet werden. Zu verstehen ist dies jedoch wieder als eine nach außen gerichtete Kategorie. Im Rahmen der indoeuropäischen Mythologie benannte Benoist die Funktion der Götter damit, die organische Gesellschaft als ganzes zu schaffen. Daraus, dass es in einem System mehrere Götter gibt, leitet sich ab, dass es andere Gesellschaftssysteme geben könnte mit anderen Göttern, das wiederum heißt aber auch andere Völker. Die Aussage ist somit vorrangig als Absage an den Monotheismus zu betrachten, der als Begründer des Egalitarismus auch Multikulturalismus hervorbringe.[255] Letzterem wird vorgeworfen, die Differenzen zwischen den einzelnen Völkern nicht zu achten, alles und alle trotz dieser Unterschiedlichkeit gleich machen zu wollen und somit die Identitäten zu zerstören. Innergesellschaftlicher Pluralismus wird geradezu zum Gegenbegriff von Volk aufgebaut:

„Der ‚Pluralismus' kann [...] als Scheinbeweis benutzt werden, um die Gründung einer ‚multikulturellen' Gesellschaft zu rechtfertigen, wobei letztere die nationale und volkstümliche Identität schwer entstellt und den Volksbegriff dadurch um seine grundlegende Bedeutung bringt."[256]

---

[252] Ausführlicher zu Schmitts Politikverständnis vgl. Kapitel 3.2.2 Carl Schmitt – Geistiger ‚Ahnherr' der Neuen Rechten, S. 47ff.
[253] Vgl. dazu Kapitel 3.3 Ethnopluralismus – Der neorassistische Ansatz der Neuen Rechten, S. 50ff.
[254] Benoist, Heide sein, a. a. O., S. 170.
[255] Die multikulturelle Gesellschaft wird in der Neuen Rechten auch häufig als ‚mehrrassische' Gesellschaft bezeichnet, vgl. z. B. Faye, a. a. O., S. 189 und 195.
[256] Benoist, Demokratie, a. a. O., S. 72.

Die Negation des Christentums bekommt auch eine zentrale Rolle in der Darstellung des bevorzugten Demokratieverständnisses. Benoist macht sich auf die Suche nach der aus seiner Sicht echten Demokratie, die nur bei denen zu finden sein könne, die das Wort und die Sache erfunden hätten. Somit müsse die antike griechische Demokratie betrachtet werden und nicht die Regierungsformen, die in der Gegenwart mit diesem Begriff bezeichnet würden. In der Folge nimmt Benoist einige wesentliche, meist stillschweigend durchgeführte, Umdefinitionen von Begriffen vor. Aus der Gemeinschaft der Bürger Athens wird so das Athener Volk und in der nächsten Stufe demos mit ethnos gleichgesetzt. Bürger sein hieße einem Vaterland anzugehören, das wiederum bedeute einem Land und einer Vergangenheit anzugehören.[257] Der Unterschied zwischen der echten antiken Demokratie und den falschen liberalen Demokratien liege in folgendem Sachverhalt: *„Die antike Demokratie gründet sich auf die Idee der organischen Gemeinschaft, die moderne als Erbin des Christentums und der Aufklärung stützt sich dagegen einzig auf das Individuum."*[258] Die Rückkehr zu einer griechischen Auffassung von Demokratie hieße eine Auffassung von Volk und Gemeinschaft wieder anzueignen und der modernen Welt anzupassen, die durch zweitausend Jahre Egalitarismus, Rationalismus und bindungslos gewordene und damit vereinzelte Individuen verloren gegangen sei. Benoist sieht Demokratie nicht als überall auf der Welt anwendbar an. Da die echte Demokratie ein historisches europäisches Produkt sei, gehöre sie auch nur dorthin, auf der anderen Seite kann auch die aus der jüdisch-christlichen Religion resultierende liberale Demokratie von ihren Ursprüngen nicht gelöst und in andere Kontexte übertragen werden und darf dies gemäß neurechter Logik auch nicht.[259]

*„Der ‚Volksstaat', der echte demokratische Staat, kann also nicht mit dem liberalen Staat übereinstimmen. Die Demokratie ist in erster Linie eine ‚-kratie', das heißt eine Form der politischen Herrschaft, die als solche eine Macht in sich schließt. Der Liberalismus ist dagegen eine Lehre der **Begrenzung** aller politischen Herrschaft und mißtraut der Macht prinzipiell. Die Demokratie ist eine Form der Regierung und des politischen Handelns; der Liberalismus wiederum eine Ideologie der **Einengung** aller Regierungen, die die Politik entwertet, um sie der Ökonomie unterzuordnen. Die Demokratie stützt sich auf die Volkssouveränität; der Liberalismus auf die Rechte des Individuums."*[260]

Benoist fordert explizit die Rückkehr zu einem Demokratieverständnis, bei dem die Freiheit von der Volkszugehörigkeit herrührt, das Volk somit als kol-

---

[257] Vgl. ebd., S. 14ff.
[258] Ebd., S. 24.
[259] Vgl. ebd., S. 25ff.
[260] Ebd., S. 45. Hervorhebungen im Original.

lektiver Organismus verstanden wird und bezeichnet dieses Verständnis als ‚organische Demokratie'.[261]

Auch hier ist weniger relevant, inwieweit die Darstellung der antiken Demokratie durch Benoist korrekt oder fehlerhaft erfolgt. Einmal mehr dienen die historischen Betrachtungen als Rechtfertigung eines politischen Modells, das in der Gegenwart verwirklicht werden soll. Wiederum wird das Denken in starren Kategorien deutlich. Es gibt nur eine echte Demokratie, alles was davon abweicht wird nicht als Ausdruck gewandelter Wahrnehmungen von dem Gegenstand der Betrachtung und dessen Anpassung an veränderte soziale Verhältnisse begriffen, sondern als Verfälschung. Der Verweis auf das ‚Reine', ‚Wahre', ‚Klare', ‚Echte' erspart die Auseinandersetzung über das zugrunde gelegte Politikverständnis, das somit jeder Kritik entzogen werden soll. Unter Rechtfertigungsdruck geraten vielmehr diejenigen, die das ‚Falsche' vertreten.

Das Demokratieverständnis von Benoist enthält die typischen Zuschreibungen, die als wesentlich für das Konzept des Heidentums betrachtet oder daraus abgeleitet werden können: starker, hierarchisch gegliederter Staat; organische Gemeinschaft; Freiheit nicht als individuelle Kategorie verstanden, sondern nur über die Volkszugehörigkeit (Freiheit in Bindung); Antiegalitarismus und Antiuniversalismus. Indem die echte Demokratie in europäisch vorchristliche Tradition gestellt und die falsche Demokratie als jüdisch-christliches Produkt dargestellt wird, klingt die neurechte Vorstellung von Heidentum an, wenn es auch nicht explizit benannt wird, denn die Überwindung des Christentums erfordere, *„daß man zugleich sein Vorher wieder zeitgemäß macht und sich sein Nachher aneignet."*[262] Um dies zu erreichen, wird die Rückkehr zum heidnischen Vorher von Faye explizit mit dem metapolitischen Ansatz verbunden. So müsse der eigentlichen Bekehrung des Volkes zum Heidentum die Bildung einer Minderheit vorausgehen, die in der Lage sei, ihre eigene Tradition zurückzugewinnen und sich dem Egalitarismus entgegenzustellen.[263]

---

[261] Vgl. ebd., S. 115f.
[262] Benoist, Heide sein, a. a. O., S. 256.
[263] Vgl. Faye, a. a. O., S. 217. Zum metapolitischen Ansatz der Neuen Rechten vgl. Kapitel 3.4 Metapolitik und kulturelle Hegemonie – Der strategische Ansatz, S. 53ff.

5. Analyse des neurechten Heidentums

5.1 Heidentum: Allgemeines Phänomen oder Sonderfall?

Interessant für die Frage, ob es sich beim Heidentum um ein allgemeines Phänomen oder einen Sonderfall innerhalb der Neuen Rechten handelt, ist zunächst einmal Benoists Definition des Begriffs ‚rechts':

> „*Ich bezeichne hier als rechts gesinnt jene Denkhaltung, welche die Vielfältigkeit der Welt und demnach die sich zwangsläufig daraus ergebenden relativen Unterschiede als ein Wohl betrachtet, dagegen die allmähliche Vereinheitlichung der Welt, die vom zweitausendjährigen ‚Diskurs' der Gleichheit befürwortet und verwirklicht wird, als ein Übel. Als rechts gesinnt bezeichne ich die Lehrmeinungen, denen zufolge die relativen Ungleichheiten des Daseins Machtverhältnisse und damit das historische Werden erzeugen, denen zufolge die Geschichte sich fortsetzen muß*".[264]

Rechts bekommt hier die Zuschreibungen, die als Grundlage des Heidentums benannt werden. Die Formulierung ‚zweitausendjähriger >Diskurs< der Gleichheitslehre' ist eine häufig genutzte Formulierung, um auf die christliche Grundlage des Egalitarismus zu verweisen. Heidnisch und rechts werden somit faktisch zu Synonymen, auch wenn dies nicht explizit benannt wird. Rechts ist demnach eine antiegalitäre Haltung, aus der sich auch die Machtverhältnisse ableiten. Durch den antithetischen Aufbau des neurechten Weltbildes wird aus dem Christentum als Ursache des Egalitarismus stillschweigend eine linke Gesinnung. Mitunter wird eine solche Gleichsetzung jedoch auch explizit vollzogen. So betonte Mohler in einem Interview mit Claus Leggewie, dass ein sich selbst ernst nehmendes Christentum nur links sein könne. Konsequenterweise definiert er sich im Anschluss daran selbst als Heiden.[265] In seinem Werk über die Konservative Revolution hatte er faktisch diese gesamte Bewegung ebenfalls als heidnisch gekennzeichnet und die Konservative Revolution und das Christentum in ein generelles Gegnerverhältnis gesetzt, wenngleich er darauf hinweist, dass es auch Vertreter der Konservativen Revolution gab, die sich selbst als Christen definierten.[266]

Der Versuch, alle Anhänger einer bestimmten Weltanschauung unter der Bezeichnung Heide zusammenzufassen, unabhängig davon, wie sich die einzelnen Vertreter selbst definieren würden, bleibt in der Neuen Rechten nicht unwi-

---

[264] Benoist, rechte Sicht, Band 1, a. a. O., S. 12. Eine sehr ähnliche Argumentation ist auch zu finden in Benoist, Kulturrevolution, a. a. O., S. 14f.
[265] Vgl. Leggewie, a. a. O., 200f.
[266] Vgl. Mohler, konservative Revolution, a. a. O., S. 117f.

dersprochen. So beklagt ein Autor in dem Sammelband „Wir '89er" die oftmals feindselige Haltung ‚der Nationalen' gegenüber dem Christentum.[267] Auch Karlheinz Weißmann, eine zentrale Person innerhalb der Neuen Rechten,[268] hat mit „Druiden, Goden, Weise Frauen"[269] eine Monographie zum Thema Heidentum als eine Art Abwehrschrift verfasst. Diese insgesamt eher oberflächlich und deskriptiv gehaltene Abhandlung ist vor allem deswegen interessant, weil er sich darin auch mit Benoist und Hunke auseinandersetzt. Dabei vollzieht er die Gratwanderung, deren Ansätze abzulehnen, ohne zugleich die ideologischen Grundlagen zu negieren.[270] Dass bei ihm seine christliche Ausrichtung nicht mit der Übernahme der dem Christentum von Benoist zugeschriebenen Eigenschaften einher geht, zeigt sich deutlich. Weder Universalismus noch Egalitarismus, bei Benoist das logische Produkt des Christentums, sind hier zu finden. So zieht Weißmann aus den Folgen des Umbruchs in Osteuropa das Fazit:

„*Man wird sich gezwungen sehen, von jenem optimistischen Universalismus Abschied zu nehmen, der die Vorstellungskraft lange Zeit beherrscht hat. Die Verschiedenartigkeit von Völkern und Kulturen muß zwangsläufig einen ganz neuen Stellenwert bekommen, die Frage nach dem Eigenen und dem Fremden, nach dem Allgemeinen und dem Besonderen der Kulturen, nach der Bedeutung der Geschichte wird wieder ins Bewußtsein treten.*"[271]

Der ethnopluralistische Ansatz und die antiuniversalistische Einstellung schimmern auch hier durch, ohne dass dies zur Eigenwahrnehmung als Heide führen würde. Dennoch sieht auch er eine substantielle Verbindung zwischen dem kulturellen Erbe und der Religion. „*Das National-Religiöse ist eine so fundamentale Verbindung, daß sie weder die Christianisierung noch die Säkularisierung zerstören konnte.*"[272]

Die Einschätzung, ob Heidentum neurechtes Allgemeingut ist, fällt in der Sekundärliteratur sehr unterschiedlich aus. Heller und Maegerle nehmen zwar

---

[267] Vgl. Hageböck, Michael: Endzeit; in: Bubik (Hrsg.), a. a. O., S. 150.
[268] Weißmann wird als einer der maßgeblichen Theoretiker der neurechten Wochenzeitung ‚Junge Freiheit' bezeichnet. Innerhalb der ‚Jungen Freiheit' gilt Benoist als hausinterne Opposition bzw. Alternative zu Weißmann. Vgl. Dietzsch u. a., a. a. O., S. 9 und 11.
[269] Weißmann, a. a. O.
[270] Zu Weißmanns Ausführungen über Hunke vgl. ebd., S. 160ff., zu seinen Erläuterungen über Benoist vgl. ebd., S. 165ff.
[271] Ebd., S. 177.
[272] Ebd., S. 177. Ob Weißmann als Vertreter eines national-religiösen Christentums in einer ideologischen Kontinuitätslinie völkisch religiöser Gruppen steht, die sich Ende des 19. und in der ersten Hälfte des 20. Jahrhunderts um eine ‚Germanisierung des Christentums' bemühten, kann an dieser Stelle nicht überprüft werden. Die völkisch religiöse Bewegung teilte sich in zwei Strömungen. Neben der eben benannten war dies noch die Ausrichtung um Anhänger einer rein heidnisch-germanischen Religion. Vgl. Schnurbein, a. a. O., S. 81.

an, dass das Neuheidentum nicht überall sichtbar ist, aber als privater Teil von Veranstaltungen oder auch Privatreligion neurechter Protagonisten immer anzutreffen ist.[273] Allerdings verwenden sie einen eher eng gefassten Begriff der Neuen Rechten und vor allem weichen sie mitunter von ihrer eigenen Definition ab. So wird beispielsweise die ‚Junge Freiheit' von ihnen eigentlich nicht zur Neuen Rechten gezählt, an einigen Stellen weichen sie jedoch von dieser Klassifizierung ab.[274] Auch Volkmar Wölk weist dem Heidentum eine bedeutende Rolle zu, so sieht er es als das einigende Band aller neurechten Bewegungen Europas.[275] Minkenberg hingegen geht davon aus, dass der Paganismus der Nouvelle Droite sich in Deutschland nicht hat verfestigen können innerhalb der Neuen Rechten.[276] Pfahl-Traughber sieht zumindest den christlichen Ansatz Weißmanns als ideologische Besonderheit,[277] geht aber insgesamt davon aus, dass sich eine einheitliche Organisation wie GRECE wegen der Theoriefeindlichkeit des deutschen Rechtsextremismus nicht habe etablieren können und das Heidentum nicht auf genügend Akzeptanz stoße.[278]

Die nicht umfassende Verbreitung könnte neben einer möglichen Theoriefeindlichkeit jedoch noch einem weiteren Umstand geschuldet sein. Trotz der antiegalitären Fundierung, die sowohl gegen Liberalismus als auch Kommunismus gerichtet ist, überwiegt die Ausrichtung der Nouvelle Droite und somit auch das bei ihr weiter verbreitete heidnische Element gegen den Liberalismus als das System, mit dem sie unmittelbar durch die Verfasstheit des eigenen Staates betroffen ist. Demgegenüber kann die deutsche Neue Rechte, auch wenn sie ein bundesrepublikanisches Produkt ist, eine so eindeutige Frontstellung nicht aufmachen. Zu zentral war für die deutsche Rechte die sogenannte Deutsche Frage. Die ‚ideologische Besetzung' durch den Liberalismus in Westdeutschland korrespondierte mit der durch den Sozialismus in Ostdeutschland. Ein angestrebtes geeintes Deutschland bedurfte der Konzentration auf beide Erscheinungen gleichzeitig. Nach dem Ende der deutschen Teilung richtete sich das Hauptaugenmerk der Neuen Rechten auf Normalisierungsdiskurse, die zum einen davon geprägt waren, Nationalismus sowohl als Begriff als auch als Erscheinung zu enttabuisieren und zum anderen als Form der Schuldabwehr gegenüber der nationalsozialistischen Vergangenheit, deutsche Geschichte zu ‚normalisieren'.[279] Das bedeutet nicht, dass die Deutsche Frage für die Nouvelle Droite keine Rolle

---

[273] Vgl. Heller/Maegerle, Sprache, a. a. O., S. 115.
[274] Vgl. Heller/Maegerle, Thule, a. a. O., S. 7 und 179; Heller/Maegerle, Sprache, a. a. O., S. 79 und 114.
[275] Vgl. Wölk, Volkmar: Natur und Mythos. Ökologiekonzeptionen der ‚Neuen' Rechten im Spannungsfeld zwischen Blut und Boden und New Age, Duisburg 1992, S. 61.
[276] Vgl. Minkenberg, neue radikale Rechte, a. a. O., S. 163f.
[277] Vgl. Pfahl-Traughber, ‚Konservative Revolution' und ‚Neue Rechte', a. a. O., S. 179.
[278] Vgl. ebd., S. 148.
[279] Vgl. Schmidt, a. a. O., Metzger, a. a. O., S: 119f. Siehe dazu auch Fußnote 68, S. 33f.

spielt. Benoist fordert z. B., die Deutschen mögen sich mit ihrem Gedächtnis versöhnen und zu ihrer eigenen Identität zurückkehren.[280] Ansonsten wird Deutschland hier zur Projektionsfläche mystifizierter Groß- und Allmachtsphantasien wie z. B. bei dem ursprünglich aus Frankreich stammenden Mitbegründer des in Kassel ansässigen Thule-Seminars Pierre Krebs:

> *"Deutschland ist, ohne es eigentlich zu wissen, mit der unsteten Seele des Zweiflers zu den alten Göttern zurückgekehrt, die über die Mentalität, die Psychologie, das Verhalten seines Volkes Aufschluß geben: Deutschland ist wieder zur Heimat des Werdens und der Verwurzelung geworden, zum Vaterland im Exil sozusagen, das die Forderung stellt, man möge es suchen und verdienen, man möge es zurückerobern. [...] Deutschland machte uns wieder zu Europäern im schicksalhaften Zentrum vom Reich der Mitte. [...] Deutschland ist nicht mehr von heute. Indem es zur Essenz, zum Mythos und zur Legende zurückkehrte, knüpfte es wieder an die Geschichte und die tätige Vorschau an. [...] Deutschland ist wieder grundlegend, ist also im Ursprünglichen wieder Reich-gemäß [!] geworden: das europäische Geburtszentrum unserer gründenden Ideen, unserer aufrührerischen Freiheiten, unserer faustischen Bestrebungen, unserer aristokratischen Herausforderungen. Es entwickelt unser inneres Reich."*[281]

Die Schwierigkeit, die Verbreitung des Heidentums zu quantifizieren, rührt vor allem daher, dass es trotz des Anspruchs der entsprechenden Autoren, eine europäische Religion zu schaffen, überwiegend ein Konstrukt ist, das die zentralen ideologischen Elemente der Neuen Rechten integrieren soll. Wie in diesem Kapitel dargestellt, stößt dieses in der Neuen Rechten nicht auf allgemeine Akzeptanz. Neben der anderen politischen Situation dürfte auch die sehr heterogene Ausformung der Neuen Rechten in Deutschland dazu beitragen, dass der Ansatz des Heidentums nicht umfassend verbreitet ist.[282] Dabei bedeutet die Ablehnung des heidnischen Ansatzes nicht, dass die zugrunde liegenden weltanschaulichen Versatzstücke verworfen werden. Der instrumentelle, vereinnahmende Charakter des neurechten Heidentums zeigt sich gerade an der Austauschbarkeit der Begriffsdefinitionen von rechts und heidnisch und auch daran, wie freigiebig Personen und Bewegungen das Etikett heidnisch angeheftet bekommen, unabhängig davon, ob sie sich selbst so bezeichnet hätten. Hier wird sichtbar, dass es im heidnischen Ansatz der Neuen Rechten nicht lediglich darum geht, einen einheitsstiftenden Mythos für die Neue Rechte zu schaffen, das rechts Sein selbst wird mystifiziert.

---

[280] Vgl. Benoist, rechte Sicht, Band 1, a. a. O., S. 7f.
[281] Krebs, inneres Reich, a. a. O., S. 23f. Möglicherweise spielt Krebs mit dem Terminus ‚inneres Reich' auf eine Formulierung Chamberlains an, der davon sprach, die germanische Religion decke *„ein weites Reich auf, welches als erhabenes Ideal in unserem Innern schlummert, und lehrt uns: hier seid ihr frei, hier seid ihr selber schaffende gesetzgebende Natur".* Chamberlain, Grundlagen, a. a. O., S. 1122.
[282] Vgl. dazu auch Kapitel 3.1 Entstehung und Ausformung der Neuen Rechten, S. 39ff.

5.2 Die antisemitische Fundierung

Zwar wird in den Texten den heidnischen Neuen Rechten überwiegend das Christentum als die Quelle der Übel der Gegenwart benannt, die gelegentlich vorgenommene Differenzierung in ein nicht vollständig bekämpftes heidnisches Christentum und ein bekämpftes Judenchristentum sowie die im Allgemeinen angenommene strukturelle Verbindung von Christentum und Judentum wirft die Frage nach dem antisemitischen Fundament des neurechten Heidentums auf.

Antisemitismus wird in dieser Untersuchung als Ansatz zur Erklärung der Welt verstanden. Komplexe Prozesse wie die Modernisierung oder Transformation von Gesellschaft, Ökonomie, Politik und/oder Technologie werden mittels der vermeintlichen Macht ‚der' Juden erklärt. Phänomene, die nur schwer nachvollziehbar sind, erhalten so eine einfache Antwort. Dabei handelt es sich um ein zum Feindbild erhobenes Konstrukt, eine Phantasie dessen, wer oder was ‚der' Jude oder ‚die' Juden angeblich sein sollen. Dieses hat nur insofern mit real lebenden Jüdinnen und Juden zu tun, als diese und alle anderen Personen, die zu Juden gemacht werden, potentiell jederzeit zu seinen Opfern werden können, sei es durch Äußerungen, Handlungen, Gewalttaten etc. Im Ergebnis werden ‚die' Juden kollektiv mittels stereotypen Zuschreibungen für alle wahrgenommenen Übel verantwortlich gemacht. Antisemitismus dient als Orientierungshilfe, die relativ unabhängig vom Objekt der Ablehnung existieren kann.[283] Diese feindselige Haltung ist in zwei Ebenen zu differenzieren, eine individuelle und eine gesellschaftliche (politisch-kulturelle) Dimension. Erstere umfasst das eben beschriebene Konstrukt. Die zugrunde liegenden Stereotypen sind jedoch sozial geteilt, in der Konsequenz dienen sie dazu, Menschen, die als ‚jüdisch' definiert werden, von der Eigengruppe auszuschließen und – bewusst oder unbewusst – systematisch eine Fremdgruppe zu erzeugen.[284] Die Verankerung des Antisemitismus im politisch-kulturellen Kontext ermöglicht es, antisemitische Vorurteile und Stereotype nicht unbedingt offen ausformulieren zu müssen, die Andeutung vertrauter Elemente dieses Konstrukts ist oftmals ausreichend.

In den eher religionsphilosophisch angelegten neurechten Diskursen ist der Monotheismus zentrale Grundlage für Egalitarismus und Universalismus, von denen aus all die von der Neuen Rechten bekämpften Werte abgeleitet werden.

---

[283] Vgl. Adorno, Theodor W.: Studien zum autoritären Charakter, Frankfurt am Main 1995, S. 109. Ausführlicher zur Funktionalität und zum Aspekt der Imagination des Antisemitismus vgl. ebd., S. 110ff. und 115ff. Zum Konstruktcharakter und der Funktionalität des Antisemitismus vgl. auch Benz, Wolfgang: Was ist Antisemitismus?, München 2004, S. 25f. und 241. Für einen Überblick über verschiedene politik- und sozialwissenschaftliche Theorieansätze der Antisemitismusforschung vgl. Rensmann, a. a. O., S. 95 – 123.

[284] Vgl. Heyder, Aribert/Iser, Julia/Schmidt, Peter: Israelkritik oder Antisemitismus? Meinungsbildung zwischen Öffentlichkeit, Medien und Tabus; in: Heitmeyer (Hrsg.), a. a. O., S. 145.

Der christliche Monotheismus erscheint jedoch durch die Lehre von der Dreieinigkeit Gottes nur noch als abgemilderte Form des jüdischen Monotheismus. Diese Lehre sei nötig gewesen, um im heidnisch geprägten Europa überhaupt die Voraussetzung zur Annahme eines monotheistischen Glaubens zu schaffen.[285] Auch bei Hunke wird das Christentum zu etwas völlig fremdartigem gemacht, wenn sie es als orientalisch bezeichnet und auf hurritische Wurzeln zurückführt. Indem sie die Juden zu den Erben der Hurriter erklärt, hat sie mit dem Terminus ‚hurritisch' eine Vokabel an der Hand, um allzu offensichtlich antisemitische Formulierungen wie ‚jüdischer Geist' zu umgehen. Statt dessen spricht sie vom ‚hurritischen Geist' und vom orientalischen Einfluss, der auf Europa zersetzende Wirkung gehabt habe und ihm auferlegt worden sei, bevor es sich habe zur Wehr setzen können.[286] Das Christentum erscheint als Produkt des Judentums, das zum eigentlichen Begründer der von der Neuen Rechten bekämpften Ideen wird.

‚Das Christentum' wird im wesentlichen zur Ausweichformulierung für ‚das Judentum'.[287] Hinter diesen vordergründig betrachtet religiös motivierten Ausführungen verbergen sich jedoch auch geradezu klassisch zu nennende antisemitische Stereotype bei den politischen Schlussfolgerungen, die in der Neuen Rechten aus diesem Unterbau gezogen werden. Insbesondere die beiden hauptsächlich bekämpften politischen Ideen des Kommunismus und des Liberalismus werden so zu jüdischen Ideologien gemacht. So heißt es etwa im zweiten Band von Benoists Publikation „Aus rechter Sicht" im Kapitel ‚Die Anfänge des Kommunismus':

„Der ‚Schutz der Armen und Unterdrückten', die Erhöhung des ‚leidenden Gerechten', die Rechtfertigung vom Kampf des Schwachen gegen den Mächtigen, des Armen gegen den Reichen sind einige Leitmotive der jüdischen prophetischen Literatur. Gérard Walter erkennt in dem Psalter den ersten Entwurf eines mächtigen Mythos: den Mythos vom Klassenkampf."[288]

Benoist nährt hier das Stereotyp des ‚jüdischen Bolschewismus'. Die Distanz durch die Berufung auf eine andere Person ist hier nur eine scheinbare, da eine inhaltliche Distanzierung nicht erfolgt.[289]

---

[285] Vgl. Benoist, Heide sein, a. a. O., S. 254.
[286] Vgl. dazu Kapitel 4.1.2 Sigrid Hunke, S. 61ff. und Kapitel 4.2.2 Fremdes und Eigenes – Heidentum als Identitätsgrundlage, S. 73ff.
[287] Zum antisemitischen Gehalt der neurechten Angriffe insbesondere gegen das Alte Testament vgl. auch Heller/Maegerle, Thule, a. a. O., S. 138ff.
[288] Benoist, rechte Sicht, Band 2, a. a. O., S. 33.
[289] An anderer Stelle ist diese Distanz gar nicht vorhanden: „*Während die ‚orthodoxe' marxistische Theorie in verweltlichter Form die* **christliche** *Geschichtstheorie wiedererschafft, kann man von der neo-marxistischen oder freudo-marxistischen sagen, daß sie in engeren Grenzen den klassischen* **Judaismus** *reproduziert.*" Benoist, Gleichheitslehre, a. a. O., S. 83f. Hervorhebungen im Original. Auch wenn diesem Gedankengang nicht

Auch die liberalen Demokratien werden als unmittelbares Produkt des Judenchristentums betrachtet und somit im Kern auf jüdische Wurzeln zurück geführt.[290] Als solche wird sie als Werkzeug dunkler Mächte dargestellt. *„Bevor sie als Antriebsriemen für die okkulte Macht kosmopolitischer Oligarchien fungierte, stellte die Demokratie die Regierung des Volkes durch das Volk dar."*[291] Das von der Neuen Rechten vertretene Modell der organischen Demokratie wird auf diesem Wege zu einem System echter Selbstbestimmung, während die modernen Demokratien Knechtschaft durch nicht näher bezeichnete Mächte darstellen. Der verschwörungstheoretische Zug findet sich auch bei der Bewertung einer der zentralen Grundlagen liberaler Demokratien, den universellen Menschenrechten, die nähere Schlüsse zulassen, wer sich hinter diesen ‚okkulten Mächten' verbirgt. So seien die Menschenrechte Übertragungen der mosaischen Gesetze und der noachidischen Gebote und würden die in neurechter Sicht notwendige Homogenität eines Volkes nicht nur mindern, vielmehr sei diese Reduzierung auch bezweckt. Der Verweis auf die mosaischen Gesetze und noachidischen Gebote macht deutlich, dass das Judentum als die eigentliche Macht hinter den Menschenrechten angesehen wird. Diese hätten zudem noch eine weitere Funktion:

> *„Der Mensch, den die Ideologie der Menschenrechte beschützt, ist ein nicht-bodenständiger. Er hat keine Zugehörigkeit – oder er will beide zerstören. Dieser Mensch möchte gern, daß die anderen ebenfalls ungebunden werden. Er würde gern zusehen, wie sie ihr eigenes Erbe abtreten und zu Nachtwandlern werden."*[292]

Auch hier dominieren klassische antisemitische Zuschreibungen, die in den völkischen Ideologien Ende des neunzehnten und in der ersten Hälfte des zwanzigsten Jahrhunderts zu finden sind: Die zielgerichtete Zersetzung der Völker durch das Judentum, die vermeintliche jüdische Heimat- und Ortlosigkeit, aus der heraus auch eine ‚Ent-Ortung' anderer angestrebt wird. Hinzu kommen Elemente wie politischer Kosmopolitismus und philosophischer Universalismus,

---

weiter nachgegangen werden kann, so dürfte es hier im Kern darum gehen, die kritische Theorie und die Psychoanalyse insgesamt, aber auch speziell die Frankfurter Schule um Adorno und Horkheimer als ‚jüdisch' zu kennzeichnen und dadurch abzuwerten. Die Psychoanalyse ist durch die Neue Rechte mitunter scharfen Angriffen wie dem folgenden ausgesetzt: *„Die mit Psychoanalyse und Behaviorismus ‚großgezogene' Neopädagogik herrschte praktisch uneingeschränkt zu Beginn der 50er Jahre. In Amerika eingeführt, brachte sie, nachdem sie auch in Europa Fuß gefaßt hatte, eine Generation von Nicht-Angepaßten (sprich: Behinderten), von ‚Kommunarden' (Kommunenmitgliedern) und von Hippies hervor."* Benoist, rechte Sicht, Band 1, a. a. O., S. 451.

[290] Vgl. Kapitel 4.2.3 Neurechtes Politik- und Demokratieverständnis und Heidentum, S. 79ff.
[291] Haudry, a. a. O., S. 139.
[292] Benoist, Religion der Menschenrechte, a. a. O., S. 49.

die durch die Rückbindung der Politik an die Moral entstünden. Diese, im neurechten Denken, Leugnung der Besonderheit des Politischen sei ebenfalls Resultat des Monotheismus.[293]

Ob Kommunismus, Liberalismus, Totalitarismus, Menschenrechte oder auch die Grundlagen von Liberalismus und Menschenrechten – der Egalitarismus und der Universalismus – sowie deren Folgen wie Individualismus, Verlust des Politischen, kultureller Verfall etc., kurz sämtliche von der Neuen Rechten bekämpften politischen Ideen werden mit zahlreichen argumentativen Umwegen und Andeutungen als ‚jüdisch' gekennzeichnet. Eine ganze Reihe antisemitischer Topoi werden bei Faye sichtbar:

> *„Kurzum, die seit dem Krieg einbalsamierte, sorgfältig gepflegte Leiche Hitlers kommt dieser riesigen ideologisch-politischen Bewegung, die als ‚egalitär, humanistisch und demokratisch' zu bezeichnen ist, zugute. Sie umfasst von den Kommunisten bis hin zu den Liberalen alle Mitwirkenden der sogenannten ‚antifaschistischen Front', alle Erben des Judao-Christentums, dessen Hände wenn auch trocken ebenfalls mit Blut bedeckt sind. Hitlers Leiche dient dazu, den impliziten Totalitarismus dieser Bewegung zu legitimieren, die Tragweite ihrer Untaten zu bagatellisieren. Die letzten wären die von Israel im Libanon begangenen Kriegsverbrechen und Völkermordversuche, die wir aber entschuldigen müssen, weil sie die Tat der ‚Auschwitz-Überlebenden' sind."* [294]

Die Darstellung des Totalitarismus als Produkt des Monotheismus eröffnet verschiedene Möglichkeiten. Die Verantwortung für die Verbrechen der sie praktizierenden Systeme liegt nicht mehr bei den jeweiligen Staaten. Gleichzeitig werden sie mit dem Verweis auf den Monotheismus als nicht europäische Tat dargestellt. Nationalsozialismus und Kommunismus werden in einen kausalen Zusammenhang mit Liberalismus, Demokratie, Menschenrechten und Egalitarismus gestellt. Vorrang hat hier ebenfalls die Entschuldung des Nationalsozialismus. Dadurch werden nicht mehr wesentliche ideologische Grundlagen wie Antisemitismus, Rassismus und Nationalismus in den Blick genommen, deren Wirkmechanismen damit entlastet und so für den weiteren Gebrauch rehabilitiert. Darüber hinaus werden nationalsozialistische Verbrechen relativiert, indem verschiedene Sachverhalte mit dem gleichen Vokabular belegt werden. Die Verbrechen, die einer ungebrochen positiven Identifizierung mit der Vergangenheit im Wege stehen, werden systematisch verkleinert, letztendlich wird mit dem Verweis auf vermeintlich gleiche Verbrechen in der Gegenwart vollständig davon abgelenkt. Die damit ebenfalls verbundene Umkehr von Tätern und Opfern verbleibt nicht nur auf der Ebene, die Opfer als heutige Täter zu stigmatisieren, zusätzlich werden sämtliche Verbrechen der Vergangenheit aus deren Wirken

---

[293] Vgl. Benoist, Kulturrevolution, a. a. O., S. 14f. und Kapitel 4.2.3 Neurechtes Politik- und Demokratieverständnis und Heidentum, S. 79ff.
[294] Faye, a. a. O., S. 200.

bzw. philosophischen Wirken abgeleitet. Noch subtiler ist ein weiteres Element integriert. Der Holocaust wird nicht offen geleugnet, strukturell angelegt ist diese Leugnung jedoch durch die Verwendung von Anführungszeichen bei dem Begriff Auschwitz-Überlebende. Eine Funktion des aus dem Heidentum der Neuen Rechten folgenden Feindbildes Christentum liegt in der Konkretisierung des abstrakten Prinzips Egalitarismus.[295] Ähnliches ist bei der antisemitischen Fundierung des Ansatzes zu beobachten. Nicht nur, dass Kosmopolitismus, Universalismus sowie Individualismus und die daraus resultierende Gefahr des Identitätsverlusts und der Kulturlosigkeit als allgegenwärtige Bedrohung dargestellt werden. Sie werden veranschaulicht, indem sie auf ein konkretes Objekt der Ablehnung projiziert werden. Die USA werden in dem Maße zur Anti-Nation wie die mit dem Judentum konnotierten negativen Eigenschaften zu ihrem Wesenskern erklärt werden. So liege das eigentliche Wesen der USA in ihrem Kosmopolitismus, sie sei ein Gemenge von Männern und Frauen ohne jede – hier völkisch zu verstehende – Identität, welche die Kultur- und Seelenlosigkeit der USA begründe.[296] Die *„bösartige Grimasse des American Way of Life"*[297] wird zur symbolischen Verdichtung aller von der Neuen Rechten verworfenen Wertvorstellungen. Der American Way of Life wird zum zersetzenden Element schlechthin stilisiert. Die Amerikaner – gedrängt, diesen zu verbreiten – seien

„dazu verurteilt, alle Kulturen, mit denen sie in Berührung kommen, zugrunde gehen zu lassen, alle Traditionen zu entwurzeln. Indem sie ihre Lebensart ausführen, töten sie zwangsläufig die Seele der Völker, weil sie selbst aus einem solchen Mord entstanden sind."[298]

Wie vermutlich alle antisemitischen Konstrukte erweist sich auch das der Neuen Rechten als äußerst komplex und vielschichtig. Gemäß dem Kulturkampfkonzept wird die Auseinandersetzung in den aus neurechter Sicht vorpolitischen Raum verlagert. Hier wird die Religion zum Ansatzpunkt, die eigenen weltanschaulichen Überzeugungen zu vermitteln. Ausgangspunkt ist zunächst einmal ein (pseudo-)religiös motivierter Antijudaismus, aus dem heraus sich alle weiteren Formen des Antisemitismus entfalten. Dieser Antijudaismus ist jedoch von vornherein mit einem rassisch fundierten Antisemitismus verbunden. Zum Verständnis dessen sei noch einmal vergegenwärtigt, dass die Kategorien Mensch, Volk, Kultur und Identität bei der Neuen Rechten einen untrennbaren Zusammenhang bilden, die sich alle aus der zugrunde liegenden Natur speisen. Religion folgt hier als kulturelles Produkt eines Volkes ebenfalls aus der Natur. Die immer wieder Jahwe beigelegten Eigenschaften der Rachsucht, Eifersucht,

---

[295] Vgl. Kapitel 5.5 Funktionen des neurechten Heidentums, S. 101ff.
[296] Vgl. Benoist, rechte Sicht, Band 2, S. 321ff.
[297] Krebs, inneres Reich, a. a. O., S. 25, Hervorhebung im Original.
[298] Benoist, rechte Sicht, Band 2, a. a. O., S. 323.

Willkür und Grausamkeit sollen dadurch letztendlich auf diejenigen verweisen, die diese Religion geschaffen haben, werden zu Eigenschaften ‚der' Juden. Dieser klassische primäre Antisemitismus kommt des weiteren zum Ausdruck über Stereotype der vermeintlichen jüdischen Heimat- und Ortlosigkeit, die auch mit dem Begriff Kosmopolitismus umschrieben wird, dem angenommenen kulturzersetzenden Einfluss oder auch der imaginierten jüdischen Allmacht bzw. mit dem Griff nach der Weltmacht durch Statthalter, die im Gewande des Kommunismus und des Liberalismus daher kommen. Die letztbenannten Elemente zeigen sich hier durch die Kennzeichnung moderner bzw. liberal verfasster Demokratien als ‚Antriebsriemen okkulter Macht und kosmopolitischer Oligarchien', die Rückführung des Klassenkampfs auf die jüdische prophetische Literatur und somit die Konstruktion des jüdischen Bolschewismus sowie durch die Übertragung antisemitischer Stereotype auf die USA, die damit faktisch zu einer jüdischen Macht gemacht werden. Hinzu kommen, wie am Beispiel Fayes gezeigt, Elemente eines sekundären Antisemitismus, der sich in Form von Relativierung und Leugnung der Verbrechen des Nationalsozialismus und Schuldabwehr äußert, aber auch in Form einer Täter-Opfer-Umkehr.

5.3 Rassistische Elemente des neurechten Heidentums

Auf den rassistischen Gehalt des ethnopluralistischen Ansatzes der Neuen Rechten, mit dem sie Rassismusvorwürfen offensiv begegnen will, wurde zwar bereits zu einem früheren Zeitpunkt hingewiesen,[299] dennoch soll die Frage nach dem Rassismus noch einmal im Kontext des neurechten Heidentums angesprochen werden. Sie ergibt sich vor allem aus dem antiegalitären Eigenanspruch dieses Ansatzes. Dass damit nicht nur Ungleichheit gemeint ist, sondern auch innergesellschaftliche Wertigkeiten eingeführt werden und diese zur Legitimierung eines hierarchischen Gesellschaftsmodells dienen, wurde bereits verdeutlicht.[300] Im ethnopluralistischen Ansatz wird der Antiegalitarismus als Verschiedenheit der Völker ausgelegt, die geachtet werde. Auch hier verbirgt sich hinter der betonten Verschiedenheit eine implizit angelegte Wertigkeit, wie ein auf den ersten Blick eher unscheinbares Zitat verdeutlicht: *„Unser Humanismus ist vertikal: er wünscht den Menschen innerhalb einer Hierarchie auf einem Platz zu sehen, der seinem Wesen entspricht und der seiner Eigenart dient."*[301] Diese ebenfalls zunächst einmal innergesellschaftlich zu betrachtende, hier als natür-

---

[299] Vgl. Kapitel 3.3 Ethnopluralismus – Der neorassistische Ansatz der Neuen Rechten, S. 50ff.
[300] Vgl. Kapitel 4.1.3 Bewertung der beiden Ansätze, S. 65; Fußnote 190, S. 65 und Kapitel 4.2.2 Fremdes und Eigenes – Heidentum als Identitätsgrundlage, S. 78.
[301] Krebs, inneres Reich, a. a. O., S. 19.

lich dargestellte, Rangordnung bekommt einen auf ‚Rasse' bezogenen Gehalt durch das neurechte Verständnis von Humanismus und der Definition von Mensch. Der Humanismus wird hier vom Humanitarismus unterschieden. Während ersterer in Verbindung mit den Völkerrechten gebracht wird, ist letzterer an die Menschenrechte gekoppelt.[302] Das Streben nach echter Menschlichkeit wird einer bloß menschenfreundlichen Gesinnung gegenüber gestellt. Da der Mensch in neurechter Sicht jedoch nur im eigenen Kollektiv existieren kann, das untrennbar mit der eigenen Kultur, dem Erbe und dem eigenen blutmäßig definierten Volk verbunden ist, kann echte Menschlichkeit nur existieren, wenn diese Bindung als einzig gültiger Maßstab nicht in Frage gestellt wird. Dieser ‚vertikale Humanismus' führt auf diese Weise eine Wertigkeit zwischen den Völkern ein, die von der Neuen Rechten über das ‚Wesen' und die ‚Eigenart' der Völker festgelegt wird. Der Bezug zum Heidentum ergibt sich bei dieser Argumentation zunächst einmal wieder indirekt über dessen antithetischen Aufbau. Da die mit dem Humanitarismus in Verbindung gebrachten Menschenrechte auf jüdische und christliche Wurzeln zurück geführt werden, ergibt sich hier die Gegenüberstellung von heidnischem Humanismus und jüdisch-christlichem Humanitarismus.

Dass es sich dabei nicht um ein zufällig auftretendes Nebenprodukt handelt, zeigen die Ausführungen über das Heidentum und dessen indoeuropäischen Ursprünge. Die Suche nach der indoeuropäischen Urheimat ist in diesem Kontext zu sehen. Wenn diese in Europa verortet wird und die heutigen Europäer als Nachfahren der Indoeuropäer betrachtet werden, die nicht nur die antiken Hochkulturen begründet hätten, sondern auch die als entwickelt definierten Staaten der Gegenwart, wird die Eigengruppe systematisch überhöht. Das Unterstreichen der Größe der Indoeuropäer dient letztlich dazu, die heutigen Europäer als deren Nachfahren an die Spitze der selbst geschaffenen Rangordnung zwischen den Völkern zu stellen.

Ein weiteres Element, das die europäische Überlegenheit demonstrieren soll, ist bei Hunke zu finden. Sie geht von einer Einheit von Glauben und Wissen in Europa aus, die europäische Religion wird als Grundlage der europäischen Wissenschaft betrachtet, wie die Kapitelüberschrift ‚Übereinstimmung von >Glauben und Wissen<' nahe legt.[303] Grundlage dafür ist die angenommene strukturelle Verbindung vom Göttlichen mit der Natur im Heidentum, der die Trennung zwischen weltlichem und jenseitigem im jüdisch-christlichen Monotheismus gegenübersteht.[304] Während wieder der zersetzende Einfluss des dualistischen Denkens betont und dieses als prinzipiell erkenntnisunfähig dargestellt

---

[302] Vgl. ebd., S. 12.
[303] Vgl. Hunke, Europas andere Religion, a. a. O., S. 479 - 496 (1997: 435 - 446).
[304] Vgl. Tabelle 1, S. 67f.

wird,[305] kommt der europäischen Religion als Begründerin der Wissenschaft besondere Bedeutung zu.[306] Neben dem auch hier wieder grundsätzlich verankerten Antisemitismus, der sich aus der Gegenüberstellung von europäischem Einheitsdenken und orientalischem Dualismus ergibt, dient diese Argumentation gleichzeitig als Begründung, um eine allgemeine Überlegenheit der Europäer zu konstruieren. *„Das aber, was wir* **heute** *unter Wissenschaft verstehen und was als solche* **internationale Geltung** *erlangt hat, ist aus dem ‚europäischen' Denken entstanden. Und konnte nur aus ihm entstehen.*"[307]

Das in Bezug auf den Ethnopluralismus ausgemachte Element der Selbstrassenbildung tritt hier klar hervor. Trotz dieser deutlich zu erkennenden Konstruktion einer europäischen Überlegenheit gegenüber anderen Völkern nimmt Benoist jedoch in Anspruch, Vertreter eines differentialistischen Antirassismus zu sein. Dieser beruht jedoch deutlich auf dem ethnopluralistischen Ansatz, negiert somit eine universelle Kategorie Menschheit – mit allen bei der Neuen Rechten daraus folgenden Konsequenzen – und behauptet auch hier, der Ansatz achte die Verschiedenheit der Völker. Demgegenüber wird von Benoist der von ihm als universalistisch bezeichnete Antirassismus, der eine universelle Kategorie Menschheit in den Mittelpunkt rückt, von der Wirkung her mit dem Rassismus gleichgesetzt.[308] Dahinter ist deutlich der metapolitische Ansatz der Neuen Rechten zu erkennen, der u. a. mit der systematischen Umdefinition von Begriffen verbunden ist.[309] Es zeigt sich, dass das neurechte Weltbild, wie es sich auch aus dem Ansatz des Heidentums ergibt und den mit dem Ethnopluralismus verbundenen Toleranzbekundungen zum Trotz, mit dem Antiegalitarismus kein wie auch immer definiertes Recht auf Verschiedenheit begründet wird, sondern Ungleichwertigkeit. Indem diese auf ethnisch definierte Völker angewandt wird, hält der klassische Rassismus Einzug, auch wenn vordergründig mit kulturellen Unterschieden argumentiert wird.

Es gibt eine wichtige Gemeinsamkeit mit den Rassentheorien des späten 19. und der ersten Hälfte des 20. Jahrhunderts. Diese pseudowissenschaftlich untermauerten Theorien entstanden in Europa zu einer Zeit, in der die Gesellschaften gravierende soziale Umbrüche durchliefen und bestehende politische auf Geburt basierende Herrschaftsansprüche des Adels infolge der Französischen Revolution in Frage gestellt wurden. Das Wegbrechen der rechtlichen Ungleichheit sollte durch die Konstruktion einer vermeintlich höheren rassischen Qualität des Adels aufgefangen werden und als neue Legitimitätsgrund-

---

[305] Vgl. Hunke, Glauben und Wissen, a. a. O., z. B. S. 19 und 194.
[306] Vgl. ebd., z. B. S. 61, 87f. und 208.
[307] Ebd., S. 8, Hervorhebungen im Original.
[308] Vgl. Benoist, Aufstand der Kulturen. a. a. O., S. 42. Eine ähnliche Definition von Antirassismus liefert auch Faye, a. a. O., S. 196. Vgl. dazu auch Kapitel 3.3 Ethnopluralismus – Der neorassistische Ansatz der Neuen Rechten, S. 50ff. und Fußnote 125, S. 50.
[309] Vgl. Kapitel 3.4 Metapolitik und kulturelle Hegemonie – Der strategische Ansatz, S. 53ff.

lage für die Vorrangstellung gegenüber den anderen Ständen dienen. Mittels dieser Theorie sollten im Wesentlichen die mit der Aufklärung einher gehenden Veränderungen bekämpft und alten Herrschaftssystemen eine neue Berechtigung verschafft werden.[310] Das gegenaufklärerische, antimodernistische Element der Rassentheorien ist ebenso Kennzeichen des neurechten Rassismus. Die Besinnung auf den indoeuropäischen Ursprung dient, wie dargestellt, der Legitimierung eines hierarchischen Gesellschaftsmodells und hat damit eine innergesellschaftliche Funktion. Während jedoch bei den frühen Rassetheorien die Annahme einer unterschiedlichen Wertigkeit u. a. als Erklärung für den militärischen, wirtschaftlichen und verkehrstechnischen Vorsprung europäischer Staaten gegenüber anderen Teilen der Welt und dem darauf basierenden Kolonialismus diente,[311] steht die Neue Rechte vor der Frage, wie diese vermeintliche Höherwertigkeit trotz des offensichtlichen Verlustes der europäischen Vorherrschaft auf weltpolitischer Ebene untermauert werden kann. Dieser Statusverlust muss deshalb im Rahmen neurechter Ideologie zwangsläufig auf das Wirken fremder Mächte und den Verlust der ‚ethnokulturellen Identität'[312] zurückgeführt werden. Demgegenüber steht die Annahme, es seien die indoeuropäischen Völker gewesen, *„die die Welt eroberten und die sie zu dem machten, was sie heute ist."*[313] Die Besinnung auf die eigene Identität wird zum Mittel, um die angenommene rassische Höherwertigkeit wieder zum Vorschein kommen zu lassen.

5.4 Ideologische Bezugspunkte neurechten Heidentums

Der Vorbildcharakter der Konservativen Revolution, insbesondere der von Carl Schmitt, für die Neue Rechte ist auch in der Konstruktion des Heidentums erkennbar.[314] Die überwiegend antiliberale Ausrichtung dieses Ansatzes wurde bereits herausgestellt.[315] Eine weitere Ähnlichkeit besteht im sogenannten neuen Nationalismus. Bei der Konservativen Revolution bedeutet dies die Bekämpfung des politischen Systems der Weimarer Republik und ihrer grundlegenden Werte, die als Folge der Französischen Revolution betrachtet wurden, sowie die Ableh-

---

[310] Vgl. Mühlen, Patrick von zur: Rassenideologien. Geschichte und Hintergründe, Berlin/Bonn/Bad Godesberg 1977, S. 31.
[311] Vgl. ebd., S. 46. Vgl. dazu auch Lenk, ‚Volk und Staat', a. a. O., 148ff. Für eine ausführliche Auseinandersetzung, Analyse und Interpretation des Phänomens Rassismus vgl. Taguieff, a. a. O.
[312] Vgl. Faye, a. a. O., S. 193.
[313] Haudry, a. a. O., S. 132.
[314] Zur grundsätzlichen Vorbildfunktion der Konservativen Revolution für die Neue Rechte vgl. Kapitel 3.2 Die ideologischen Vorbilder der Neuen Rechten, S. 43ff.
[315] Vgl. dazu Kapitel 4.2.1 Heidentum gegen die Krise der Gegenwart, S. 66ff.

nung des Wilhelminismus gleichermaßen. Bei der Neuen Rechten ist ebenfalls die antiemanzipatorische Stoßrichtung gegen Aufklärung und Französische Revolution und die damit einhergehende Bekämpfung der liberalen Demokratie verbunden. Die neue Dimension liegt darin, dass nicht ein bloßes Zurück gefordert wird wie z. B. zum Nationalsozialismus, wie es bei der Alten Rechten häufig anzutreffen ist, sondern dass die Einzelnationalismen durch einen Euronationalismus ergänzt werden. Liegt bei der Konservativen Revolution noch die Wiemarer Republik als vermeintliches Hindernis im Streben nach Größe im Wege, wächst sich dies bei der Neuen Rechten durch die Machtblöcke der USA und früher der UdSSR zur kontinentalen Krise aus. Der Ansatz zur Bekämpfung muss deshalb globaler ausfallen und wird aus diesem Grunde bei der heidnischen Neuen Rechten an Judentum und Christentum zurück gebunden. Konstitutiv für die Großmachtvorstellungen der Neuen Rechten – und damit ebenfalls ähnlich wie bei der Konservativen Revolution – sind weiterhin die Gegenüberstellung einer verklärten mystifizierten Vergangenheit gegen eine krisenhafte Gegenwart. Der erstrebte autoritär und streng hierarchisch gegliederte Staat wird in der Idee der organischen Demokratie synthetisiert. Neben diesen inhaltlichen Überschneidungen beruft sich Benoist in seinem Buch „Heide sein zu einem neuen Anfang" mehrfach auf konservative Revolutionäre wie Oswald Spengler[316] und Ernst Jünger[317] zur Untermauerung seiner Darstellung.

Die Integration des Schmittschen Politikverständnisses in das heidnische Weltbild der Neuen Rechten wurde bereits benannt, allerdings findet auch hier eine Einbettung in den metapolitischen Ansatz statt. Die grundlegende Differenzierung von Freund und Feind wird nicht nur als Wesen der Politik begriffen, sondern unmittelbar auf europäisches Denken und europäische Religion bezogen. Schmitts Annahme, dass die Existenz eines Staates zwingend das Vorhandensein mindestens eines weiteren Staates bedinge und seine völkische Definition von Staat, die er als Abwehr gegen eine universelle Kategorie Menschheit einführt, findet in der Neuen Rechten mit antichristlicher Stoßrichtung eine Entsprechung. Die Einführung von Familien, innerhalb derer der Mensch nur existieren könne, dient hier als Umschreibung für Staat und Volk. Die Annahme, echte Brüderlichkeit sei nur innerhalb der Familien möglich, entspricht Schmitts Negation von Menschheit.[318]

Das Heidentum der Neuen Rechten ist grundsätzlich antisemitisch und rassistisch fundiert. Damit stellt sich neben der Verortung im Kontext der Konservativen Revolution, die prägend für die gesamte Neue Rechte ist, die Frage nach Kontinuitäten zu früheren Entwürfen ‚arteigener' Religion, wie sie durch völkisch religiöse Bewegungen ab dem ausklingenden 19. Jahrhundert vertreten

---

[316] Vgl. Benoist, Heide sein, a. a. O., z. B. S. 22, 40, 253f. und 266.
[317] Vgl. ebd., z. B. S. 294f.
[318] Vgl. dazu auch Kapitel 4.1.1 Alain de Benoist, S. 59ff. und Tabelle 1, S. 67f.

wurden. Auch diese Religionsformen sind primär Ausdruck von Ideologie und dienen gleichzeitig als Vehikel für die zugrunde liegende Ideologie. Ohne die zuvor aufkommenden Rassentheorien sind diese Konstruktionen nicht denkbar, zudem überschneidet sich der Beginn der völkischen Religiosität mit den Anfängen antisemitischer Bewegungen.[319] Da eine umfassende Untersuchung der Verbindungslinien neurechten Heidentums zur völkischen Religiosität den Rahmen dieser Arbeit bei weitem sprengen würde, sollen nur einige Aspekte benannt werden, die eine solche Kontinuität nahe legen. Bezug genommen wird dabei auf Houston Stewart Chamberlain als einem der wichtigsten Rassenideologen, der nicht nur als ausschlaggebend für das Vordringen des Rassegedankens in weite Kreise des Bürgertums angesehen werden kann,[320] sondern der auch wichtige Theoretiker des Nationalsozialismus wie z. B. Alfred Rosenberg beeinflusst hat.[321]

Chamberlain geht von der welthistorischen Bestimmung der Germanen aus, Begründer einer neuen Zivilisation zu sein, die auf den Trümmern des aufgrund seines ‚rassenlosen Menschenchaos' zusammengebrochenen römischen Imperiums errichtet werde.

> *„Kein Zweifel! das [!] rassen- und nationalitätenlose Völkerchaos des spätrömischen Imperiums bedeutete einen unheilvollen, verderbnisbringenden Zustand, eine Versündigung gegen die Natur. Nur ein Lichtstrahl glänzte über jene entartete Welt. Er kam aus dem Norden. Ex septentrione Lux!"*[322]

Dieser prinzipiellen germanischen Auserwähltheit steht die Gegenwart entgegen, die bei Chamberlain als defizitär wahrgenommen wird und im wesentlichen durch eine religiöse Krise gekennzeichnet ist. Zum einen stehe das historische Christentum in der Tradition dieses ‚Völkerchaos' bzw. sei dadurch geprägt,[323] zum anderen liege diese Krise in der religiösen Abhängigkeit von den Juden, die zum Gegenbild schlechthin stilisiert werden:

> *„Keine Menschen der Welt sind so bettelarm an echter Religion wie die Semiten und ihre Halbbrüder die Juden; [...] wir haben uns mit eigenen Händen die*

---

[319] Vgl. Mühlen, a. a. O., S. 157; Nanko, Ulrich: Das Spektrum völkisch-religiöser Organisationen von der Jahrhundertwende bis ins „Dritte Reich"; in: Stefanie von Schnurbein/ Justus H. Ulbricht (Hrsg.), Völkische Religion und Krisen der Moderne. Entwürfe ‚arteigener' Glaubenssysteme seit der Jahrhundertwende, Würzburg 2001, S. 208.
[320] Vgl. Mühlen, a. a. O., S. 95. Chamberlains Werk „Die Grundlagen des 19. Jahrhunderts" erschien von 1899 bis 1938 in Deutschland in 24 Auflagen. Vgl. ebd., S. 230. Bis 1941 kletterte dieser Wert auf die 27. Auflage. Vgl. Châtellier, Hildegard: Rasse und Religion bei Houston Stewart Chamberlain; in: Schnurbein/Ulbricht (Hrsg.), a. a. O., S. 184.
[321] Vgl. Châtellier, a. a. O., S. 184f. und Lenk, 'Volk und Staat', a. a. O., S. 151f.
[322] Vgl. Chamberlain, Grundlagen, a. a. O., S. 6ff., Zitat S. 371, Hervorhebung im Original.
[323] Vgl. ebd., S. 300.

Lebensader unterbunden und hinken als verkrüppelte Judenknechte hinter Jahve's Bundeslade her!"[324]

Einen Ausweg aus der Krise bietet nur die Besinnung auf die eigene Religion, Chamberlain setzt dafür einer semitischen Auffassung von Religion eine indoeuropäische entgegen, wobei die historische christliche Kirche auf der semitischen Auffassung beruhe. Der indoeuropäische Geist sei sich auch unter dem christlichen Dogma nie untreu geworden, so sei der Glaube an die Dreieinigkeit ein ‚urarisches' Element.[325]

Auffällig ist der nahezu identische Aufbau neurechten Heidentums. Die antithetische Gegenüberstellung einer (indo)europäischen Religion und einer orientalischen, wobei letztere das Judentum meint, korrespondiert mit Chamberlains Konstruktion einer semitischen und einer indoeuropäischen Auffassung von Religion. Die Konstruktion des ‚Lichts vom Norden', wohinter sich der Glaube an eine urgermanische Kulturhöhe verbirgt, wird als Gegenmotiv zum ‚ex oriente lux' aufgebaut und bietet eine weitere Gemeinsamkeit. So verwirft Benoist die Theorie des ‚ex oriente lux', d. h. dass aus dem Osten alle Kultur komme, als biblisch begründet.[326] Die Verlagerung der Ursprungsheimat der Indoeuropäer durch Benoist und Haudry ist als Übernahme der Idee des ‚Lichts vom Norden' zu verstehen, worin auch ein Anknüpfungspunkt an weitere völkische Ideologen zu sehen ist. Laut Klaus von See hat diese Theorie in völkischen Gruppierungen umfassendere Verbreitung nach dem Ersten Weltkrieg gefunden. Alfred Rosenberg ist demnach der Erste gewesen, der die Ursprungsheimat der Indogermanen in den nordeuropäischen Raum verlegt und damit die Urheimat von Germanen und Indogermanen zur Übereinstimmung gebracht hat. In einem weiteren Schritt werden bei Rosenberg die antiken Hochkulturen zum Produkt der Indogermanen.[327] Chamberlains Motiv, das historische Christentum sei vom Völkerchaos gekennzeichnet, klingt in der heidnischen Neuen Rechten an, wenn Begriffe wie ‚mehrrassische Gesellschaft' oder ‚Panmixie' zur Beschreibung der Gegenwart herangezogen werden und als Produkte des auf den jüdisch-christlichen Monotheismus zurückgehenden Egalitarismus dargestellt werden.

---

[324] Ebd., S. 19. An anderer Stelle heißt es zum Judentum: „*Dies ist der Monotheismus der Wüste; nicht aus der Idee des Unendlichen entspringt er, sondern aus der Ideenlosigkeit eines armen, hungrigen, gierigen Menschen, dessen Gedankenkreis sich kaum über die Vorstellung erhebt, dass Besitz und Macht höchste Wonne wäre.*" Ebd., S. 481. Auch in dem Werk „Arische Weltanschauung" spricht Chamberlain von einer bestehenden Knechtschaft gegenüber fremden Idealen. Vgl. Chamberlain, Weltanschauung, a. a. O., S. 25.
[325] Vgl. Chamberlain, Grundlagen, a. a. O., S. 13, 492 und 657ff.
[326] Vgl. Benoist, Heide sein, a. a. O., S. 189f.
[327] Vgl. See, Klaus von: Barbar, Germane, Arier. Die Suche nach der Identität der Deutschen, Heidelberg 1994, S. 217 und 308f.

Neben diesen eher allgemeinen Übereinstimmungen gibt es weitere speziellere Schnittmengen. Chamberlain spaltet – wie später Hunke – sowohl die griechische als auch die römische Antike in positive und negative Elemente. Die Kontinuität des indoeuropäischen Geistes im Christentum wird dann auf die positiven Elemente zurückgeführt. Die von Hunke ausgemachte Kette europäischen Geistes[328] liest sich wie eine Fortführung der Gedanken Chamberlains. Auch bei ihm werden die Ionier und namentlich Anaximander zu ‚echten' Griechen, Pelagius zum Denker, der nicht in die jüdisch-christliche Tradition gehöre, das kirchliche Christentum sei keine religiöse Weltanschauung, sondern eine künstliche, gewaltsam zusammengeschmiedete Religion, an der sich zwangsläufig Konflikte hätten entzünden müssen. Davon ausgehend zeichnet Chamberlain eine Linie europäischen Denkens von Scotus Eriugena über Franz von Assisi und Eckhart bis Kant.[329] Damit dieses Konstrukt funktioniert, trennt auch Chamberlain diese indoeuropäische Religionsauffassung von Aspekten wie dem individuellen Bekenntnis oder der konfessionellen Bindung und koppelt es einzig an eine von ihm willkürlich als europäisch definierte Denkart.[330]

Das von Hunke als ‚Einheit von Glauben und Wissen' bezeichnete Wesen des europäischen Denkens ist ein weiteres Motiv, das bei Chamberlain zu finden ist. Dieser stellt die strukturelle Verbindung von Wissenschaft und Religion als Kennzeichen der indoeuropäischen und damit auch germanischen Weltanschauung her. Die Wissenschaft wird überdies als Erfindung der Germanen dargestellt, die künstliche Trennung von Religion und Wissenschaft sei ein Produkt der Kirche und deren judäo-christlichen Religionsauffassung.[331]

Die Ablehnung der Idee einer Menschheit durch Chamberlain klingt ebenfalls allzu vertraut:

„Diese Menschheit, über die schon so viel philosophiert worden ist, leidet nämlich an dem schweren Gebrechen, dass sie gar nicht existiert. Die Natur und die Geschichte bieten uns eine grosse Anzahl verschiedener Menschen, nicht aber eine Menschheit."[332]

Neben dieser Reihe von thematischen Übereinstimmungen gibt es einen wesentlichen Unterschied. Im Gegensatz zur heidnischen Neuen Rechten verwirft Chamberlain das Christentum nicht insgesamt. Vielmehr gehört er zu den völkischen Ideologen, die bemüht sind, das Christentum zu ‚germanisieren' und von den jüdischen Wurzeln abzutrennen. Dazu gehören Überlegungen, ob Jesus

---

[328] Vgl. dazu Kapitel 4.1.2 Sigrid Hunke, S. 63.
[329] Vgl. Chamberlain, Grundlagen, a. a. O., S. 95, 679 und 1025ff.
[330] Vgl. Chamberlain, Weltanschauung, S. 78.
[331] Vgl. ebd. S. 74ff. und Chamberlain, Grundlagen, a. a. O., S. 1111ff. und 1118.
[332] Chamberlain, Grundlagen, a. a. O., S. 837. Die Verschiedenheit wird bei Chamberlain, wie es auch von Benoist immer wieder betont wird, zum Naturgesetz. Vgl. Chamberlain, Weltanschauung, a. a. O., S. 17.

Jude gewesen sei oder nicht, was in der zwiespältigen Schlussfolgerung endet, der Religion und der Erziehung nach sei er es gewesen, es gebe aber keinerlei Belege, dass er im eigentlichen Sinne des Wortes – das meint bei Chamberlain ‚rassisch' – Jude gewesen sei.[333] In jedem Falle aber habe Jesus vom weltpolitischen Standpunkt aus die Erscheinung einer neuen Menschenart bedeutet.[334] Martin Luther und die Reformation sind im Gegensatz zur Neuen Rechten für Chamberlain ein positiver Bezugspunkt,[335] die Auseinandersetzung zwischen Heidenchristentum und Judenchristentum wird so auch zur Differenz zwischen Protestantismus und Katholizismus.

Die Frage, ob Chamberlain zu den unmittelbaren Einflussquellen gehört, ist schwierig zu beantworten, er wird von den neurechten Autoren auch in den eher wissenschaftlich gehaltenen Abhandlungen mit ausführlichen Fußnotenapparaten nicht genannt. Es sind jedoch erhebliche inhaltliche Übereinstimmungen festzustellen, die insbesondere bei Hunke nicht nur im allgemeinen theoretischen Aufbau, sondern auch in sehr ähnlichen argumentativen Motiven zu finden sind. Zu nennen wäre hier die vermeintlich ununterbrochene Linie europäischen Denkens von der Antike bis zur Gegenwart und die Verknüpfung europäischen Glaubens mit Wissenschaft. Dies lässt vermuten, dass Chamberlain eine größere Bedeutung für Hunkes Arbeiten hat und die Anleihen bewusst erfolgen.

Ebenso liegt bei Benoist und anderen Autoren der heidnischen Neuen Rechten die Vermutung nahe, dass die Werke Chamberlains als ideologischer Steinbruch herangezogen werden, ohne dies zu benennen. Auf Krebs Konstruktion eines ‚inneren Reiches' wurde bereits verwiesen.[336] Benoist übernimmt zwar zunächst einmal nur indirekt die Ideologieelemente Chamberlains in den Punkten, in denen er sich auf Hunke stützt. Dies ist vor allem bei den Ausführungen über das Fortleben des Heidentums im Christentum der Fall.[337] Trotzdem dürfte Chamberlain auch Benoist bekannt und von ihm als unmittelbare Vorlage heran gezogen worden sein. Die Bezugnahme auf Hunke dient dann dazu, die eigentlichen Grundlagen nicht offen legen zu müssen und kann im Kontext der neurechten Strategie betrachtet werden, eindeutig belastete Vorlagen zu vermeiden. Die Bedeutung Chamberlains für die Ausformung der nationalsozialistischen Ideologie ist zu deutlich und der antisemitische und rassistische Gehalt seiner Ausführungen zu offensichtlich erkennbar, als dass eine gefahrlose Berufung darauf stattfinden könnte. Die Motive Chamberlains werden zwar verarbeitet, jedoch sprachlich geglättet und damit den veränderten politisch-kulturellen Bedingungen nach dem Zweiten Weltkrieg angepasst.

---

[333] Vgl. Chamberlain, Grundlagen, a. a. O., S. 246.
[334] Vgl. ebd., S. 239.
[335] Vgl. ebd., S. 1003ff.
[336] Vgl. Kapitel 5.1 Heidentum: Allgemeines Phänomen oder Sonderfall?, S. 86.
[337] Vgl. dazu Kapitel 4.1 Grundzüge des neurechten Heidentums, S. 59ff.

Für Benoists Kenntnis der Texte von Chamberlain sprechen seine umfassenden Kenntnisse der einschlägigen rassistischen und antidemokratischen Literatur. Weniger deutlich belastete Theoretiker werden bei ihm offengelegt. So beruft sich Benoist in „Heide sein zu einem neuen Anfang" mehrfach auf Vertreter der Konservativen Revolution wie Oswald Spengler, Ernst Jünger und Carl Schmitt oder auf Julius Evola, Theoretiker des italienischen Faschismus und Mircea Eliade, Akteur des rumänischen Faschismus. Auch bei Joseph Arthur Graf de Gobineau, der als einer der ersten eine zusammenhängende Rassentheorie aufgestellt hat,[338] zeigt Benoist wenig Scheu, ihn offensiv darzustellen[339] und in das neurechte Denken einzuspannen. Indem er darauf verweist, der treffendere Titel für Gobineaus Werk „Versuch über die Ungleichheit der Menschenrassen" wäre ‚Versuch über die Vielfältigkeit der Menschenrassen' gewesen,[340] deutet er Gobineaus Werk im ethnopluralistischen Sinne um. Dass Benoist mit all diesen einschlägigen Autoren vertraut ist und ausgerechnet einen wirkmächtigen Publizisten wie Chamberlain nicht kennen sollte, erscheint unwahrscheinlich.

5.5 Funktionen des neurechten Heidentums

Das Heidentum der Neuen Rechten ist in vielfältiger Weise instrumentalisierbar. Einige der Funktionen sind unmittelbar erkennbar, da von den entsprechenden Autoren explizit benannt, andere bewegen sich auf einer Metaebene.

Offensichtlich ist der Versuch, mit dem Heidentum einen Ansatz zu schaffen, der als Basis für die zentralen Ideologieelemente der Neuen Rechten dienen kann. So leiten sich daraus neurechtes Politik- und Demokratieverständnis – ihrem Inhalt nach antiegalitär und antiuniversalistisch und somit im Wesentlichen antiliberal ausgerichtet – ein hierarchisch und autoritär gegliedertes Gesellschaftsmodell sowie der ethnopluralistische Ansatz ab. Die in Kapitel 3.2.2 mit Bezug auf Gessenharter benannten Kernthemen der Neuen Rechten sind somit in konzentrierter Form im Heidentum zu finden.[341] Ebenso wird der metapolitische Ansatz explizit im Zusammenhang mit der Verbreitung von Heidentum genannt.

---

[338] Vgl. Mühlen, a. a. O., S. 52.
[339] So gibt es in Benoist, rechte Sicht, Band 2, a. a. O., S. 105 - 112 ein eigenes Kapitel über Gobineau.
[340] Vgl. ebd., S. 109.
[341] Vgl. Kapitel 3.2.2 Carl Schmitt – Geistiger ‚Ahnherr' der Neuen Rechten, S. 49.

Auch bei der identitätsstiftenden Funktion kommt dem Heidentum innerhalb der Neuen Rechten eine wesentliche Rolle zu.[342] Die von Benoist vorgenommene faktische Gleichsetzung von ‚rechts' und ‚heidnisch' deutet bereits an, dass dieser Ansatz als einigendes Band für das rechte Spektrum fungieren soll. Identifizierung wird im Rahmen dieser Arbeit als Vorgang verstanden, bei dem sich Individuen Aspekte, Merkmale oder Eigenschaften zum Vorbild nehmen und sich daran orientieren bzw. anzugleichen versuchen. Dabei handelt es sich nicht unbedingt um reale Eigenschaften des Objektes der Identifizierung, sondern um ein Bild, das davon gemacht wird. „*Das Verbindende zwischen Identifizierendem und dem Identifikationsobjekt ist primär eine Phantasie.*"[343] Zu beachten ist jedoch, dass der individuelle Aspekt von Identität im neurechten Heidentum untrennbar mit einem kollektiven verbunden ist. Auch hier muss die Doppelstruktur des neurechten Heidentums beachtet werden. Nicht nur das Eigene, sondern auch das Fremde trägt zur Identifikation bei, weil ersteres weitgehend über die Negation von letzterem erfolgt. Der grundlegende Mechanismus bleibt jedoch erhalten. Sowohl für das Eigene als auch das Fremde wird ein Bild geschaffen. Erst durch die Akzeptanz des absolut gesetzten überhöhten Eigenen und die Ablehnung des zum Gegenprinzip und darin ebenfalls verabsolutierten Anderen konstituiert sich die neurechte Identität.

Die Identitätsbildung erfolgt in mehreren Stufen. Am Anfang steht die Benennung wahrgenommener Missstände, die jedoch nicht vor der Folie der eigenen Wertvorstellungen betrachtet, sondern zu objektiven Tatsachen erklärt und zur allgemeinen Krise der Gegenwart stilisiert werden. Diese allgemeine Krise wird auf die die Gesellschaft konstituierenden Ideen, hier vor allem auf die Wertvorstellungen des politischen Liberalismus, aber auch des Kommunismus, zurückgeführt. Diese werden jedoch ihrerseits – vermittelt durch den Egalitarismus – als jüdisch-christliches Produkt definiert. Die Gleichsetzung ermöglicht es, beide als nichteuropäisch zu betrachten. Würden sie nur auf anderen politischen Wertvorstellungen basieren, wäre dies Ausdruck einer möglichen innergesellschaftlichen Pluralität. Der Mensch ist in neurechter Lesart jedoch nur in seinem ihn schaffenden homogenen völkischen Kollektiv denkbar. Somit müssen diese Ideen zum Ausdruck von etwas völlig Fremdem werden. Das Christentum wird zur Projektionsfläche aller abgelehnten Gesellschaftsentwürfe. Um eine gleichwertige Alternative entgegenstellen zu können, wird eine kollektive Identität Heidentum geschaffen. Berghoff sieht die Attraktivität eines solchen verbindenden Elements ‚kollektive Identität' darin, dass Konstituierungsprobleme

---

[342] Zu den Versuchen in der Neuen Rechten kollektive Identität herzustellen und die Bedeutung einer solchen kollektiven Identität für die Neue Rechte vgl. Benthin, a. a. O., S. 110ff.

[343] Berghoff, Peter: Das Phantasma der ‚kollektiven Identität' und die religiösen Dimensionen in den Vorstellungen von Volk und Nation; in: Schnurbein/Ulbricht (Hrsg.), a. a. O., S. 60.

verschleiert werden können. Die zugrunde liegende Phantasie und die Vorstellung einer angestrebten stabilen und dauerhaften Ordnung überdecken demnach den Anschein von Willkür und Zufälligkeit.[344]

Das Element der Phantasie wird deutlicher bei dem Versuch von neurechten Autoren, das Heidentum als Grundlage einer ‚Nation Europa' zu instrumentalisieren. Dies geschieht, indem es als Ausdruck indoeuropäischer Tradition und damit als Grundlage für eine europäische Identität herangezogen wird. Dabei steht die Neue Rechte vor einem ähnlichen Problem, wie es der Skandinavist Klaus von See bereits für die Identitätssuche der deutschen völkischen Bewegungen um die Wende zum 20. Jahrhundert ausgemacht hat. Es gibt keine authentische heidnische Religion, die den Prozess der Christianisierung überdauert hat und somit keine Tradition, an die nahtlos angeknüpft oder die einfach nur wiederbelebt zu werden bräuchte. Die gern herangezogene überlieferte nordische Mythologie, wie sie z. B. in der „Edda" niedergeschrieben ist, kann nicht als originäres Zeugnis von Heidentum interpretiert werden, da die Verschriftlichung der darin enthaltenen Texte erst lange nach der Christianisierung Islands erfolgte.[345] Der Zugang erfolgt in der Neuen Rechten wie dargestellt über die indoeuropäische Sprache.

In Verbindung mit der angenommenen Krise der Gegenwart sind jedoch noch zwei weitere Elemente bei der Identitätsbildung relevant. Das geographische Europa als Kontinent ist in dieser Wahrnehmung nicht von vornherein gleichzusetzen mit ‚europäischem Denken'. Letzteres kann zwar nur in ersterem entstehen, andererseits müssen nicht alle in Europa lebenden Menschen, auch nicht die dort geborenen, Träger des europäischen Denkens sein. Solange es sich dabei um Nachfahren von Menschen handelt, die im neurechten Denken einer fremden Kultur angehören, können sie es nicht. Wenn es sich aus Sicht der Neuen Rechten um echte Europäer handelt, werden sie als von sich selbst entfremdet dargestellt, sowohl als Individuum, da dies nur in seinem jeweiligen Kollektiv existieren kann, als auch von ihrer ‚Art'. Auf diese Weise wird ein Instrument geschaffen, mit dem alles was, nicht in das eigene Denksystem passt, als nicht europäisch definiert und damit zur Bekämpfung frei gegeben werden kann. Die Gleichung, die damit stillschweigend über das Element des Heidentums eingeführt wird, lautet ‚rechts' gleich ‚europäisch' und umgekehrt über die Zuschreibungen, die das Christentum erhält, ‚links' gleich ‚uneuropäisch'. Mit der dadurch stattfindenden völkischen Definition von Nation ist zugleich

---

[344] Vgl. ebd., S. 67. Zur Bedeutung von Mythen bei der Schaffung kollektiver Identität vgl. auch Lenk, ‚Volk und Staat', a. a. O., S. 99 – 106.

[345] Vgl. See, a. a. O., S. 187. Zum christlichen Einfluss auf die eddische Dichtung vgl. auch Zernack, Julia: Germanische Altertumskunde, Skandinavistik und völkische Religiosität; in: Schnurbein/Ulbricht (Hrsg.), a. a. O., S. 230ff.

Minkenbergs Kriterium des romantischen Ultranationalismus erfüllt, das dieser Arbeit zugrunde gelegt wurde.[346]

Neurechtes Heidentum wird somit zunächst einmal zum Ausdruck eines Selbstverständnisses, das eine integrative Funktion haben soll und als Verständigungscode nach innen betrachtet werden kann. Die Benennung eines äußeren Feindes soll eine interne Homogenisierung bewirken. Die Abwertung der als fremd definierten Gruppe bedingt zugleich eine Überhöhung des Eigenen bzw. reicht, um eine Hierarchie zu schaffen. Die Erhebung über den Anderen erfolgt bereits durch dessen Abwertung. Eine wie auch immer ausgeprägte Eigenbewegung nach oben ist nicht zwangsläufig nötig, um ein Verhältnis von höher und niedriger zu schaffen, obwohl sie dennoch häufig stattfindet.

Den heidnischen Ansatz der Neuen Rechten nur auf der Ebene des Selbstverständnisses zu betrachten, würde jedoch zu kurz greifen. Auf der Metaebene bekommt er den Charakter eines umfassenden Ansatzes zur Welterklärung, der sich im Spannungsfeld zwischen Heidentum und Christentum aufbaut. Als solcher ist er wesentlich auf die Reduzierung von Komplexität ausgerichtet. Wahrgenommene Missstände werden nicht analytisch betrachtet und dargestellt, sondern als objektive Tatbestände definiert. Das Urteil wird zur sich selbsterfüllenden Prophezeiung, weil es nicht nur ein Produkt darstellt, sondern gleichzeitig Grundlage seiner selbst ist. Die Konzentration sämtlicher von der Neuen Rechten angenommenen Übel im Christentum bzw. Juden-Christentum dient im Wesentlichen der Entlastung des eigenen ideologischen, historisch belasteten Fundaments. Auch wenn Horkheimer und Adorno die ‚pathische Projektion' als Element des Antisemitismus gekennzeichnet haben, erscheint es gerechtfertigt, dies auf das von der Neuen Rechten geschaffene Christentum zu übertragen, zumal dessen Kern deutlich antisemitisch ist.[347] Nach Adorno und Horkheimer ist *„die Übertragung gesellschaftlich tabuierter Regungen des Subjekts auf das Objekt"*[348] zentral für die pathische Projektion. Die dem Subjekt innewohnenden Aggressionen werden in die Außenwelt transportiert und dem Objekt zugeschrieben. Damit ist eine Entlastungsfunktion verbunden, da das Objekt sich selbst suggeriert, nicht zu agieren, sondern lediglich zu reagieren.[349] Dies zeigt sich im Kontext der Neuen Rechten immer dann, wenn Rassismus, Totalitarismus und die daraus resultierenden Verbrechen, die ihren Kulminationspunkt im Nationalsozialismus finden, aus der Kontinuität und als Wesenselement der eigenen Ideologie herausgelöst und als Produkt des aus dem Juden-Christentum

---

[346] Vgl. dazu Kapitel 2.3.1 Die Neue Rechte als Teil einer rechtsradikalen Bewegung, S. 27ff. und Kapitel 2.4 Bewertung der Forschungsansätze und Arbeitsdefinition Neue Rechte, S. 32ff.

[347] Vgl. dazu Kapitel 5.2 Die antisemitische Fundierung, S. 87ff.

[348] Horkheimer, Max/Adorno, Theodor W.: Dialektik der Aufklärung. Philosophische Fragmente, 15. Auflage, Frankfurt am Main 2004, S. 201.

[349] Vgl. ebd., S. 201.

resultierenden Egalitarismus dargestellt werden. Zwar ist der Prozess der Projektion zunächst ein individueller Vorgang, im Kontext des Ansatzes zur Erlangung der kulturellen Hegemonie soll mit diesen Zuschreibungen jedoch die Deutungshoheit erlangt und auf eine gesellschaftliche Ebene transportiert werden. Die Projektion wird auf diese Weise kollektiviert.

Das Heidentum wird bei der Neuen Rechten damit zum Heilmittel für die aus dem Juden-Christentum resultierenden Übel. Die angenommene Krise der Gegenwart dient als Legitimationsbasis für den Blick zurück in eine vermeintlich heile Vergangenheit, die herangezogen wird, um Auswege aus der Krise aufzuzeigen. Die historischen Betrachtungen, die als Beweis dafür dienen sollen, dass es immer eine eigenständige europäische Religion gegeben habe, sowie die Instrumentalisierung zahlreicher Intellektueller als Träger und Künder dieser Religion sind Ausdruck eines umfassenden Versuchs der Neuinterpretation europäischer Geschichte. Dabei stehen sich Christentum und Heidentum unversöhnlich gegenüber, werden zu dichotomen Kategorien, ihrem Wesen nach unveränderlich. Indem dieser Prozess der Neuinterpretation auf eine Veränderung der Wahrnehmung von Geschichte zielt, weg von christlich-abendländisch hin zu heidnisch-europäisch, ist er Bestandteil der von der Neuen Rechten angestrebten Kulturrevolution.[350] Die eigene Weltanschauung soll dabei auf ein zumindest ebenbürtiges Ideenfundament gestellt werden.

Auf die Krise der Gegenwart wird mit Forderungen nach Rückbesinnung auf die eigenen als authentisch definierten Traditionen reagiert. Phantasien von Wiederherstellung, Reinheit, Erhaltung oder Verteidigung der kollektiven Identität können nach Berghoff als unreflektierte Reaktionen darauf verstanden werden, dass die selbst geschaffenen Antwortinstanzen nicht den Gesetzen der Wirklichkeit und Geschichtlichkeit entkommen können.[351] Das von der Neuen Rechten geschaffene gesellschaftliche Ideal, das hier zusätzlich auf ein indoeuropäisches Volk projiziert wird, ist im historischen Verlauf – so es überhaupt jemals tatsächlich existiert hat – notwendiger Weise sozialen Einflüssen unterworfen. In der Konsequenz stimmen das Ideal und die Vorstellung vom Ideal, hier also die Gesellschaft und die gewünschte Gesellschaft, nicht mehr überein. Da die Vorstellung vom Ideal aber verabsolutiert, das Ideal somit zu einem starren Objekt gemacht wird, werden diese Veränderungsprozesse nicht als Wandlung, sondern als Entfremdung von sich selbst aufgefasst und mit Reinheitsforderungen beantwortet. Daran verdeutlicht sich die sinnstiftende Funktion von Mythen. Der Mythos eines indoeuropäischen Urvolks kann eine Art europäische nationale Identität in der Gegenwart scheinbar erläutern, auch über die Ursprünge der Nation hinaus, bzw. wie in diesem Fall einer erst zu schaffenden Nation,

---

[350] Zur Kulturrevolution vgl. Kapitel 3.4 Metapolitik und kulturelle Hegemonie – Der strategische Ansatz, S. 53ff.
[351] Vgl. Berghoff, a. a. O., S. 69.

indem auf einen gemeinsamen, vermeintlich ewigen kulturellen Zusammenhang verwiesen wird. Wird jedoch, so Lenk, *„Politik mythologisiert, so verleiht ihr dies einen pseudonatürlichen Charakter; sie erscheint dadurch gereinigt von allen interessen- und machtförmigen Strukturen und wird zum Schicksal."*[352]

Noch in einem anderen Kontext zeigt sich die Komplexitätsreduktion, die mit dem Heidentum der Neuen Rechten verbunden ist. Das seinsmäßige andere und somit der eigentliche Feind ist für die Neue Rechte der Egalitarismus. Die Anleihen bei Carl Schmitt bzw. vollständige Übernahme seines Politikverständnisses sind an dieser Stelle deutlich zu erkennen. Die Rückbindung des Egalitarismus an das Juden-Christentum stellt eine Konkretisierung dieses abstrakten Prinzips dar. Zwar sind auch Judentum und Christentum als Kategorien abstrakt und vor allem nicht so homogen wie es die Schlagworte nahe zu legen scheinen und wie es in der Neuen Rechten ausgelegt wird. Jedoch sind es im Alltagsdenken eher präsente Kategorien als das elitär klingende Wort Egalitarismus. Zudem gibt es durch die institutionelle Ausgestaltung von Religion sowie Vertretern von Religion konkrete Anknüpfungspunkte, die mit Judentum oder Christentum unmittelbar in Verbindung gebracht werden können. Weiterhin existieren theologische Texte, die entsprechend interpretiert zur Untermauerung der eigenen Thesen herangezogen werden können. Der Egalitarismus hingegen lässt keine solche unmittelbare Verbindung zu, er kann sich nicht äußern, er kann lediglich durch Personen vermittelt werden. Ähnliches gilt für den Liberalismus. Die auf ihm basierenden politischen Systeme sind vielgestaltig. Es gibt keine zentrale Institution, die den Liberalismus in Gänze repräsentieren würde. Insofern ist auch Liberalismus eine abstrakte Kategorie, die durch die Rückbindung an das Juden-Christentum leichter fassbar gemacht werden soll. Das Christentum oder auch Juden-Christentum bietet vermutlich genau die Mischung aus Konkretheit und Abstraktheit, die es gut instrumentalisierbar macht. Auf der einen Seite ist es den meisten Menschen insofern vertraut, als sie etwas bestimmtes damit verbinden, auf der anderen Seite bleibt genug Spielraum, um es zur Projektionsfläche zu machen.

Die Unterteilung in heidnisch-europäisch und christlich-abendländisch kann durch die Feinderklärung gegenüber letzterem als Umsetzung des eigenen Politikverständnisses verstanden werden. Wie schon Schmitt steht die Neue Rechte ebenso vor dem Problem, dass dieses Politikverständnis nicht von einem privaten, sondern einem öffentlichen Feind ausgeht, der im Normalfall vom Staat benannt wird. Deshalb muss aus neurechter Sicht gezeigt werden, dass durch die Demokratisierung das Staatliche und das Politische voneinander getrennt wurden. Erst dadurch kann es gelingen, den Hort des Politischen der

---

[352] Lenk, Rechts wo..., a. a. O., S. 290. Allgemein zur Wirkweise und Funktion moderner politischer Mythen vgl. ebd., S. 283 – 291.

Rechten zuzuschreiben.[353] Das eigene Vordringen in den aus neurechter Sicht metapolitischen Raum als Bestandteil einer Kulturrevolution von rechts ist dabei jedoch nicht nur als Reaktion auf eine prinzipiell abgelehnte Entgrenzung des Politikverständnisses bedingt durch Demokratisierungsprozesse zu betrachten. Diese vordergründig angeprangerte Ausweitung des Politischen auf vermeintlich nicht politische Bereiche wird als Rechtfertigung benötigt, um aus den engen Grenzen des eigenen Politikverständnisses ausbrechen zu können. Die Verlagerung des Politischen wird auch von der Neuen Rechten aktiv betrieben.

Mit dem Terminus Heidentum wird zudem ein politisch-kultureller Gegenbegriff zu einer als identitätslos wahrgenommenen Gegenwart geschaffen.[354] Diese Funktion zeigt sich im doppelten Platzhaltercharakter, den der Begriff Christentum bei der heidnischen Neuen Rechten erhält. Zum einen wird hier Christentum häufig an Stelle von Judentum verwendet und soll dadurch zu eindeutige antisemitische Formulierungen umgehen. Zum anderen wird das Christentum häufig an Stelle des politischen Liberalismus angegriffen. Beide Platzhalterfunktionen sind jedoch strukturell verbunden, der Antiliberalismus der Neuen Rechten ist Ausdruck ihres Antisemitismus.

Abbildung 1 auf der nächsten Seite fasst noch einmal die impliziten und expliziten Funktionsebenen von neurechtem Heidentum zusammen, sowie die beiden grundlegenden Funktionen, auf die sie verweisen.

---

[353] Diesen Prozess vollzieht z. B. Benoist im zweiten Band seiner Publikation „Aus rechter Sicht" im Kapitel ‚Der Begriff des Politischen'. Vgl. Benoist, rechte Sicht, Band 2, a. a. O., S. 7 - 15.
[354] Vgl. Schnurbein, Göttertrost, a. a. O., S. 10.

Abbildung 1: Funktionsebenen des neurechten Heidentums
Eigene Zusammenstellung

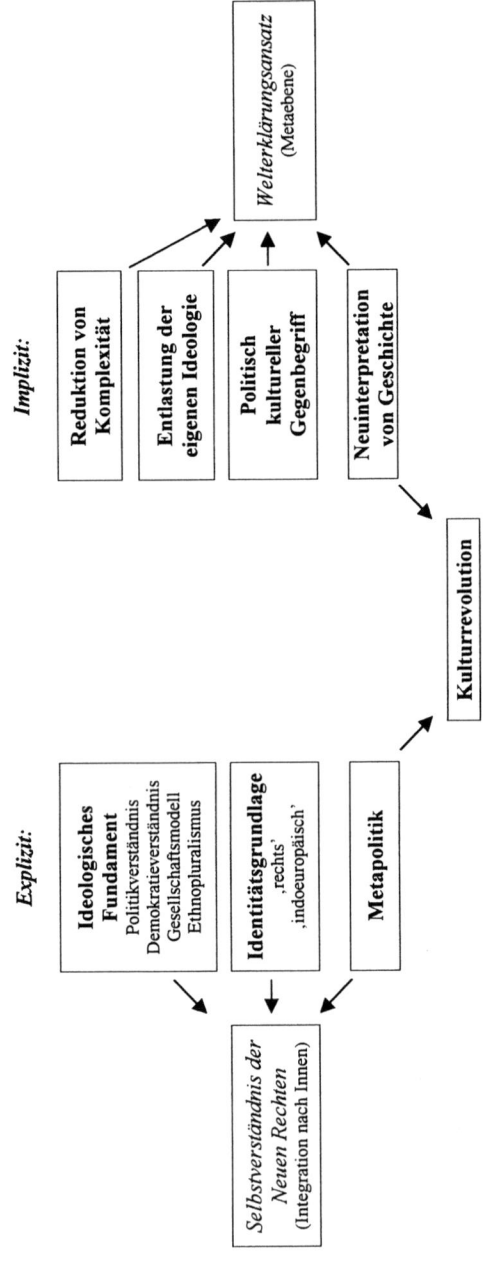

6. Fazit

Die in der Einleitung formulierten Grundannahmen, das Heidentum sei im Kontext des metapolitischen Ansatzes und primär nicht als Ausdruck von Religiosität, sondern von Ideologie zu betrachten, bestätigen sich im Großen und Ganzen. Für die ideologische Auslegung des Heidentums der Neuen Rechten spricht vor allem der antithetische Aufbau zu Judentum und Christentum. Ein religiöses System sollte aus sich selbst heraus existieren können und erklärbar sein, nicht nur in der strukturellen Koppelung an ein anderes, zumal diese Koppelung hier nicht vergleichend zur Abgrenzung erfolgt, sondern vollständige Negation bedeutet. Die bisweilen formulierten Toleranzerklärungen, die sinngemäß darauf verweisen, dass auch Christen die Möglichkeit haben sollen, ihren Glauben zu vertreten,[355] dürften indes nicht mehr als Lippenbekenntnisse sein. Dass eine solche Selbstverständlichkeit im Rahmen der Darstellung eines Glaubens überhaupt einer gesonderten Erwähnung bedarf, erscheint bereits befremdlich. Die über hunderte von Seiten hinweg erfolgenden permanenten Abwertungen von Judentum und Christentum lassen diese Toleranzbekundungen in dem Maße zur Absurdität werden, wie deutlich wird, dass die Ausführungen eigentlich auf die vollständige Bekämpfung des Liberalismus und auf ihm basierender politischer Systeme abzielen. Damit die Ansätze von Benoist und Hunke überhaupt eine Basis haben, bedarf es einer wichtigen Voraussetzung. Kultur und Religion dürfen nicht als dynamische Elemente betrachtet werden, die im Kontext gesellschaftlicher Wandlungsprozesse ebenfalls Veränderungen durchlaufen, sondern müssen als starre, ewige Werte interpretiert werden. Mit der unabänderlichen Anbindung von Religion an spezifische politische Werte durch die Neue Rechte, aus denen jeweils eine Eigen- und eine Fremdgruppe konstituiert wird, verliert Religion hier das transzendente Element, stattdessen wird sie zur Weltanschauung, wird zur Ideologie.

Selbst wenn die Definition von Religion erweitert wird und „*die Begegnung mit dem Heiligen*"[356] nicht ausschließlich als Ausdruck von Transzendenz verstanden wird, sondern um das Element der Immanenz erweitert wird, ändert sich substantiell nichts. Transzendenz würde dann zwar auf eine dualistische Struktur von irdischem Diesseits und göttlichem Jenseits verweisen, Immanenz hingegen auf ein innerweltliches göttliches Prinzip, aber auch dann müsste Religion nach wie vor von einem individuellen Bekenntnis zu einem Glauben abhängen. Ebenso dürfte die Entscheidung für Transzendenz oder Immanenz nicht

---

[355] Vgl. z. B. Hunke, andere Religion, a. a. O., S. 13 (1997: 12f.) und Faye, a. a. O., S. 218f. Von Weißmann wird Hunkes Toleranz sogar gesondert erwähnt. Vgl. Weißmann, a. a. O., S. 162.
[356] Gablentz, a. a. O., S. 72.

automatisch eine Entscheidung für oder gegen bestimmte politische Werte nach sich ziehen. Das ist beim Heidentum der Neuen Rechten jedoch der Fall. Es geht hier nicht nur um die Darstellung des eigenen Glaubens, der sich nur bei Benoist und Hunke mit antidemokratischen Ideologieelementen verbindet, diese Verbindung wird verabsolutiert und beansprucht Allgemeingültigkeit. Die jeweiligen politischen Implikationen, die sich aus Heidentum auf der einen sowie Judentum und Christentum auf der anderen Seite ergeben, wurden in Kapitel 4 und 5 ausgeführt. Der Nachweis eines vermeintlich immer existenten und wirkmächtigen Heidentums, das bis in die Gegenwart hineinreicht, ist letztendlich nur über solche starren Systeme möglich. Die sichtbar gewordene vollständige Verbindung mit der neurechten Weltanschauung, die durch die Rückbindung an das angebliche indoeuropäische Erbe erfolgt, das hier als kulturalistische und biologistische Kategorie eine Natürlichkeit beansprucht, unterstreicht den ideologischen Charakter des Konstrukts Heidentum. Indem es durch ein streng dichothomes Weltbild und damit verbunden nach einem Freund-Feind-Schema funktioniert, in wesentlichen Elementen eine Bündelung von Mythen darstellt und versucht wird, an die Stelle von Rechtfertigungen eine Art Glaubenssystem zu setzen, kann es im Sinne Lenks als Ausdrucksideologie betrachtet werden.

„Denn der Anspruch dieser Ausdrucksideologie ist kein rational argumentativer. Er besteht im Gegensatz zu den Rechtfertigungsideologien nicht mehr in rationaler Nachvollziehbarkeit, sondern im emotionalen Appell an jene sozialen Triebschichten, die jenseits und vor der Rationalität gelegen sind."[357]

Mit dem ideologischen Aspekt ist auch der strategische verbunden. Der metapolitische Ansatz ist vorhanden, dessen Notwendigkeit wird betont. Krebs' Feststellung, eine Idee erreiche eine größere Überzeugungskraft, wenn sie in ein zusammenhängendes Denksystem, d. h. eine sämtliche Bereiche des kulturellen Lebens umfassende Weltanschauung, eingefügt wird,[358] soll mit dem Heidentum umgesetzt werden. Dies zeigt sich daran, wie es auf das ideologische Fundament der Neuen Rechten gesetzt wird. Auf die Benennung abgelehnter politischer Ideen folgt deren Rückführung auf Judentum und Christentum und die Entgegenstellung der heidnischen Werte. Auf diese Weise werden liberale Demokratien zu Produkten des Juden-Christentums, die Vorstellung einer organischen Demokratie durch die Rückbindung an die vorchristliche europäische Kultur in die Kontinuität des Heidentums gestellt. Ähnliches ist auch bei der Interpretation universell geltender Menschenrechte als verweltlichte Form des jüdisch-christlichen Monotheismus und des dagegen gesetzten Ethnopluralismus als Grundlage von Völkerrechten zu beobachten. Der Ansatz der Erlangung der kul-

---

[357] Lenk, ‚Volk und Staat', a. a. O., S. 35. Zur Typologisierung und Funktion verschiedener politischer Ideologien sowie deren Wandel vgl. ebd., S. 20 – 42 und Lenk, Rechts wo..., a. a. O., S. 27 – 41.
[358] Vgl. Krebs, kulturelle Wiedergeburt, a. a. O., S. 15.

turellen Hegemonie als notwendige Vorstufe zum politischen Machtgewinn ist im Konstrukt des Heidentums mit angelegt. Dabei geht es nicht nur darum, wie in der Einleitung formuliert, die eigene Ideologie auf ein ebenbürtiges Fundament zum jüdisch-christlichen Egalitarismus als angenommenen Kern westlicher Demokratien zu stellen. Der rassistische Gehalt zeigt, dass es nicht um Gleichwertigkeit geht, das Heidentum wird hierdurch zum Symbol von Höherwertigkeit.

Heidentum als Unterbau für neurechte Ideologie und die Einbettung in den strategischen Ansatz der Metapolitik sind, zusammen mit dem identitätsbildenden Aspekt, die Unterfunktionen für eine von zwei Hauptfunktionen dieses Konstrukts: Es ist Ausdruck neurechten Selbstverständnisses. Dass es in der deutschen Neuen Rechten dennoch nicht unumstritten ist, spricht für den Bewegungscharakter dieser rechtsextremen Strömung.[359] Dennoch würde die Interpretation neurechten Heidentums ausschließlich auf der Ebene des Selbstverständnisses zu kurz greifen. Von der Bedeutung her als die wichtigere einzuschätzen ist dessen zweite Hauptfunktion: Heidentum wird zum umfassenden Welterklärungsansatz. Alle Übel der Gegenwart werden dabei auf eine Ursache zurück geführt, politische, gesellschaftliche und kulturelle Sachverhalte in ihrer Komplexität reduziert. Schwer greifbare Prozesse erhalten eine einfache Antwort. Auch dies steht in Verbindung mit dem auf Erlangung der kulturellen Hegemonie ausgerichteten Ansatz der Neuen Rechten, denn mit dem metapolitischen Ansatz ist erst ein Bestandteil für diese Strategie benannt. Zusammen mit der Komplexitätsreduktion ist hier die Neuinterpretation von Geschichte das zweite wesentliche Element. Bekämpfte politische Ideen werden nicht nur auf einen Ursprung zurückgeführt, vielmehr erscheint die gesamte europäische Geschichte seit mindestens zweitausend Jahren als ständiger Kampf zweier miteinander verfeindeter kultureller Systeme. Das heidnische Europa befindet sich demnach in der permanenten Auseinandersetzung mit dem jüdisch-christlichen Orient und bemüht sich, dessen zersetzenden Einfluss abzuwehren.

Im Feindbild Christentum verdichten sich die Ansätze zweier ideologischer Vorbilder der heidnischen Neuen Rechten. Ähnlich wie bei der Konservativen Revolution ist auch hier in erster Linie der Liberalismus Hauptziel der Angriffe. Aus diesem Grund sind nur eher marginale ideologische Neujustierungen nach dem Zusammenbruch der Sowjetunion und den damit verbundenen Transformationsprozessen in Staaten in ihrer Einflusssphäre festzustellen. Im Kontext des metapolitischen Ansatzes findet bei der Neuen Rechten jedoch eine terminologische Verschiebung statt. Zu den direkten Angriffen auf den Liberalismus gesellen sich Angriffe auf das Christentum, das hier in vielen Fällen den Charakter eines Platzhalters bekommt. Zum anderen ist das eigentliche Ziel hinter dem Christentum das Judentum. Hier liegt die Schnittmenge zu den Ansätzen ‚artei-

---

[359] Vgl. Kapitel 2.3.1 Die Neue Rechte als Teil einer rechtsradikalen Bewegung, S. 27ff.

gener' Religiosität völkischer Bewegungen, wie sie seit dem späten 19. Jahrhundert entstehen. Die antisemitische Ideologie dieser Bewegungen ist auch fester Bestandteil der heidnischen Neuen Rechten. Der Unterschied ist, dass – im Gegensatz zu den Vorbildern – dieser Antisemitismus subtiler verbreitet werden muss. Auf die aus dem Holocaust folgenden veränderten Rahmenbedingungen, innerhalb derer antisemitische Äußerungen ohne umfassende Stigmatisierung möglich sind, wird mit sprachlicher Glättung reagiert, ohne jedoch in der Sache im wesentlichen nachzugeben. Wie in den völkisch religiösen Bewegungen, in dieser Arbeit am Beispiel Chamberlains ausgeführt, wird der konstruierte mehr als zweitausend Jahre dauernde Konflikt zur Auseinandersetzung zwischen Europäern und Judentum stilisiert.

Die Bedeutung und die Tragweite dieses antisemitischen Fundaments für das Heidentum der Neuen Rechten wurde zu Beginn der Arbeit unterschätzt. Zwar wurden antisemitische Elemente von Anfang an erwartet, wie tiefgehend sie in diese neurechte Weltanschauung implementiert sind, kristallisierte sich jedoch erst während der Erarbeitung des Themas in dem Maße heraus, in dem deutlich wurde, dass die Auslegung des neurechten Heidentums als bloßer Ausdruck des Selbstverständnisses nicht ausreicht, sondern der Welterklärungsfunktion die wichtigere Rolle zukommt. In der Arbeit konnte das Thema Antisemitismus deshalb nur relativ knapp abgehandelt werden. Dies ist insofern bedauerlich, als das Thema Antisemitismus und Neue Rechte, nicht nur in Bezug auf deren heidnischen Teil, sondern insgesamt ein wichtiges Thema ist, das in der Forschungsliteratur bislang eher wenig Beachtung findet. Wenn es behandelt wird, dann eher im Kontext aktueller Vorkommnisse. Die grundsätzliche Verankerung dieser Ideologie in der neurechten Weltanschauung ist hingegen wenig erforscht. Dies führt dazu, dass grundsätzliche Äußerungen in der wissenschaftlichen Literatur über die Neue Rechte und deren Antisemitismus oft nur ein Spektrum von dezidierten Falschaussagen bis Banalitäten umfasst. So ist z. B. in einer im Fachbereich Politikwissenschaft am Otto-Suhr-Institut der Freien Universität Berlin eingereichten Diplomarbeit über das Verhältnis der Nouvelle Droite zur Konservativen Revolution zu lesen, Benoist und GRECE seien nur schwer im politischen Spektrum zu verorten, außerdem wird behauptet, es gebe dort keinen Antisemitismus.[360] Auch Gessenharter behauptet, Antisemitismus gehöre im Regelfall nicht zur Ideologie der Neuen Rechten.[361]

---

[360] Vgl. Böhm, Michael: Die ‚Nouvelle Droite' in Frankreich und das Problem der Konservativen Revolution, Berlin 2002, S. 2 (Diplomarbeit am Fachbereich Politik- und Sozialwissenschaften des Otto-Suhr-Instituts der Freien Universität Berlin, Signatur der Arbeit in der Bibliothek des Otto-Suhr-Instituts: D.A. 6357). Allerdings weist diese Arbeit apologetische Tendenzen auf, die insbesondere im Schlussteil zur Geltung kommen. Vgl. ebd., S. 82.
[361] Vgl. Gessenharter, Rechtsextremismus; in: Gegenwartskunde, a. a. O., S. 426.

Bei Brauner-Orthens im Jahr 2001 erschienenen Publikation „Die Neue Rechte in Deutschland. Antidemokratische und rassistische Tendenzen"[362] handelt es sich offenbar um eine textidentische Version ihrer 1999 in Berlin eingereichten Dissertation mit dem Titel „Antidemokratische und antisemitische Tendenzen in der Neuen Rechten in Deutschland". Der für die 2001 erschienene Veröffentlichung gewählte Titel erscheint treffender, weil das Thema Antisemitismus in der Arbeit keinen zentralen Stellenwert einnimmt. Darauf geht sie im Hinblick auf neurechte Kritik an der Kontingentflüchtlingsregelung für jüdische Bürger Russlands, an Finanzleistungen für Israel und an Diskussionen um Gedenktage und Mahnmale ein. Ihre These geht dahin, dass Antisemitismus in Form revisionistischer Ansätze bei der Neuen Rechten festzustellen sei, jedoch werde der Antisemitismus häufig verschlüsselt vermittelt.[363] Auch dies ist ein wenig erstaunliches Ergebnis. Zum einen wurde Antisemitismus neben direkten Äußerungsformen schon immer auch in Chiffren, Bildern und anderen verdeckten Formen ausgedrückt. Zum anderen haben sich die Gelegenheitsstrukturen zur Äußerung von Antisemitismus nach dem Zweiten Weltkrieg verändert. Eine Bewegung, die auf die Erlangung der kulturellen Hegemonie zielt, reagiert darauf, um sich nicht von vornherein politisch ins Abseits zu stellen. Des weiteren ist Antisemitismus in seiner gesellschaftlichen Dimension fester Bestandteil der politischen Kultur, somit können Akteure der Neuen Rechten davon ausgehen, dass auch codierte Nachrichten vom Empfänger entschlüsselt und verstanden werden.

Gegenüber diesen Befunden, die den antisemitischen Gehalt neurechter Ideologie tendenziell bagatellisieren, ist Rensmann zuzustimmen, der in einer umfassenden Studie über Antisemitismus in der politischen Kultur der Bundesrepublik auch auf die Neue Rechte eingeht und überwiegend durch eine Analyse von Elementen eines sekundären Antisemitismus, Antisemitismus insgesamt als integralen Bestandteil im Wirken bzw. dem ideologischen Kampf der Neuen Rechten betrachtet.[364]

Nicht alle Facetten des neurechten Heidentums konnten im Rahmen dieser Arbeit behandelt werden. Dies betrifft vor allem zwei Aspekte, die ebenfalls Anlass für weitere Untersuchungen bieten. Dabei handelt es sich auf der einen Seite um das zugrunde liegende Menschenbild. Der von der Neuen Rechten heroisierte Mensch wird immer wieder mit Schlagworten wie ‚promethisch', ‚gotisch' und ‚faustisch' in Verbindung gebracht. Auch diese Zuschreibungen sind nicht neu, sondern lassen sich bis zu den völkischen Bewegungen in Deutschland zu-

---

[362] Vgl. Brauner-Orthen, a. a. O.
[363] Vgl. ebd., S. 45f.
[364] Vgl. Rensmann, a. a. O., S. 280, zum sekundären Antisemitismus der Neuen Rechten vgl. ebd., S. 276 – 296.

rückverfolgen, waren aber auch darüber hinausgehend in Europa verbreitet.[365] Auf der anderen Seite sind dies die mit dem Heidentum der Neuen Rechten verbundenen Geschlechterrollen. Benoist verortet mit Bezug auf die drei Funktionen der ideologischen Ordnung der Indoeuropäer das weibliche Prinzip zusammen mit ‚der Masse' und ‚dem Pöbel' in der niedrigsten Funktion.[366] Die für das Heidentum sehr wichtige Ideologie der Ungleichwertigkeit integriert somit offensichtlich auch sexistische Elemente. Hunke sieht im Christentum die Ursache für die Zerstörung des gleichwertigen Nebeneinander von Mann und Frau. Demgegenüber geht sie davon aus, dass diese Gleichwertigkeit zum Prinzip der vorchristlichen Religion Europas gehört habe.[367] Eine solche Gleichwertigkeit muss allerdings nicht eine emanzipative Forderung nach gleichberechtigtem Zugang zu allen Lebensbereichen bedeuten, sondern kann auch die Differenz der Geschlechter betonen und auf verschiedene Rollen und Werte abzielen, wie z. B. Mutterschaft und Haushaltsführung bei Frauen.[368]

Das Heidentum erscheint insgesamt als die symbolische Verdichtung aller zentralen Ideologieelemente der Neuen Rechten. Die von Lenk mit Bezug auf rechtsextremes Denken allgemein ausgemachte Verkopplung zweier Wahnformen, Verfolgungswahn und Größenwahn, kommt auch im neurechten Heidentum zum Vorschein. Während der Verfolgungswahn Feindbilder, Verschwörungstheorien, Antisemitismus, Dekadenzdiagnosen u. ä. Kategorien umfasst, beinhaltet der Größenwahn Elemente wie Nationalismus, Rassismus, Elitismus, Ethnopluralismus und Volksgemeinschaft.[369] Die pseudoreligiöse Untermauerung dieser auch als ideologische Elemente zu begreifenden Bestandteile des Rechtsextremismus durch das Heidentum der Neuen Rechten dient der Entrationalisierung. Die eigene Ideologie wird mystifiziert und auf diese Weise der kritische rationale Zugriff erschwert.

Das Heidentum ist damit äußerst vielschichtig und komplex angelegt. Eine eigenständige Darstellung des Heidentums, ohne die Einbeziehung des zum Gegenprinzip erhobenen Christentum, das seinerseits auf das Judentum zurück geführt wird, ist praktisch nicht möglich. Es ist somit von vornherein durch Dichotomie gekennzeichnet. Die Einpassung des Heidentums in das neurechte Weltbild erfolgt ebenfalls über den Mechanismus der Ablehnung, d. h. von der

---

[365] Zu den historischen Bezügen dieser Elemente in Deutschland vgl. See, a. a. O., S. 189f. für die europäische Dimension vgl. Poliakov, Léon: Der arische Mythos. Zu den Quellen von Rassismus und Nationalismus, Hamburg 1993, S. 31 und 288.
[366] Vgl. Kapitel 4.2.2 Fremdes und Eigenes – Heidentum als Identitäsgrundlage, S. 76f.
[367] Vgl. Hunke, Zwiespalt, a. a. O., S. 146.
[368] Zu verschiedenen Positionen zum Thema Rollenverständnis von Frauen innerhalb des neugermanischen Heidentum allgemein vgl. Schnurbein, Göttertrost, a. a. O., S. 104 - 118.
[369] Vgl. Lenk, Kurt: Ideengeschichtliche Disposition rechtsextremen Denkens; in: Aus Politik und Zeitgeschichte, B 9 - 10/1998, S. 19.

Neuen Rechten bekämpfte politische Ideen werden als Produkte des jüdischchristlichen Monotheismus dargestellt. Die eigenen Wertvorstellungen werden demgegenüber in der vorchristlichen indoeuropäischen Tradition verortet, wobei die für die Neue Rechte zentralen Themen aufgegriffen und als heidnisch definiert werden. Das Konstrukt des Heidentums erscheint überwiegend als Gegen-Bewegung: gegen Egalitarismus, Liberalismus, die Autonomie des Individuums etc. Es richtet sich im wesentlichen gegen die zentralen Elemente westlicher Demokratien. Die daraus resultierende grundsätzliche Systemopposition bedarf einer Legitimation, die durch die Konstruktion einer umfassenden Krise der Gegenwart geschaffen wird. Diese Krisenwahrnehmung ist jedoch nicht das Ergebnis einer tatsächlichen Analyse der gegenwärtigen Verhältnisse durch die Neue Rechte, sondern absolut gesetzt und zudem wesensmäßig mit dem politischen System verknüpft, das darüber hinaus als nicht wandelbar dargestellt wird. Nur wenn die Krise und das politische System eine starre untrennbare Einheit bilden, wird letzteres zum zwangsweise reproduzierenden, allenfalls modifizierenden Faktor und verhindert so die Überwindung der Krise. Damit wiederum ist die Rechtfertigung für die Neue Rechte gegeben, nicht im Rahmen des Bestehenden zu wirken. Es ermöglicht außerdem, keine eigenen politischen Konzepte und Antworten für konkrete Probleme liefern zu müssen, es reicht, alle Problemursachen im falschen System, das zusätzlich zum Inbegriff von etwas völlig Fremden wird, zu suchen und es insgesamt zu verwerfen. Als Objekt der positiven Identifizierung wird lediglich ein abstraktes mystifiziertes, angeblich authentisches europäisches Heidentum entgegengestellt. Dass dieses überwiegend als Anti-Haltung in Form der Negation von Judentum und Christentum erfolgt, ist dem Umstand geschuldet, dass auf diese Weise die eigenen ideologischen Grundlagen nicht unmittelbar benannt zu werden brauchen und dadurch weniger offensichtlich sind. Diese Grundlage ist im Wesentlichen eine Ideologie der Ungleichwertigkeit. Der vermeintlich wahre Toleranz bringende Antiegalitarismus der heidnischen Neuen Rechten verhüllt dies nur schlecht. Diese Ideologie steht im Zentrum des offen und verdeckt formulierten Antiliberalismus, ist aber auch Grundlage des zwar überwiegend nur implizit angelegten, aber dennoch eindeutig vorhandenen Antisemitismus und Rassismus.

Literatur

Primärliteratur

Benoist, Alain de: Gleichheitslehre, Weltanschauung und Moral; die Auseinandersetzung von Nominalismus und Universalismus; in: Pierre Krebs (Hrsg.), Das unvergängliche Erbe. Alternativen zum Prinzip der Gleichheit, Tübingen 1981, S. 75 - 105.

Benoist, Alain de: Der Konflikt der antiken Kultur mit dem Urchristentum; in: Pierre Krebs (Hrsg.), Das unvergängliche Erbe. Alternativen zum Prinzip der Gleichheit, Tübingen 1981, S. 175 - 197.

Benoist, Alain de: Die entscheidenden Jahre. Zur Erkennung des Hauptfeindes, Tübingen 1982.

Benoist, Alain de: Heide sein zu einem neuen Anfang. Die europäische Glaubensalternative, Tübingen 1982.

Benoist, Alain de: Aus rechter Sicht. Eine kritische Anthologie zeitgenössischer Ideen Band 1, Tübingen/Buenos Aires/Montevideo 1983.

Benoist, Alain de: Aus rechter Sicht. Eine kritische Anthologie zeitgenössischer Ideen Band 2, Tübingen/Buenos Aires/Montevideo 1984.

Benoist, Alain de: Kulturrevolution von rechts. Gramsci und die Nouvelle Droite, Krefeld 1985.

Benoist, Alain de: Demokratie: Das Problem, Tübingen/Zürich/Paris 1986.

Benoist, Alain de: Die Religion der Menschenrechte; in: Pierre Krebs (Hrsg.), Mut zur Identität. Alternativen zum Prinzip der Gleichheit, Struckum 1988, S. 41 - 73.

Benoist, Alain de: Aufstand der Kulturen. Europäisches Manifest für das 21. Jahrhundert, Berlin 1999.

Benoist, Alain de: Totalitarismus. Kommunismus und Nationalsozialismus – die andere Moderne 1917 - 1989, Berlin 2001.

Binding, Peter: Wiedergewinnung der Identität. Europa zwischen Abdankung und neuer Selbstfindung; in: Pierre Krebs (Hrsg.), Das unvergängliche Erbe. Alternativen zum Prinzip der Gleichheit, Tübingen 1981, S. 33 - 52.

Bubik, Roland (Hrsg.): Wir '89er. Wer wir sind und was wir wollen, Frankfurt am Main/ Berlin 1995.

Chamberlain, Houston Stewart: Die Grundlagen des neunzehnten Jahrhunderts, 16. Auflage der ungekürzten Volksausgabe, zwei Bände, München 1932.

Chamberlain, Houston Stewart: Arische Weltanschauung, 2. Auflage München 1912, Reprint der Arbeitsgemeinschaft für Religions- und Weltanschauungsfragen, München 1997.

Faye, Guillaume: Die neuen ideologischen Herausforderungen; in: Pierre Krebs (Hrsg.), Mut zur Identität. Alternativen zum Prinzip der Gleichheit, Struckum 1988, S. 185 - 265.

Haack, Friedrich-Wilhelm: Wotans Wiederkehr. Blut-, Boden- und Rasse-Religion, München 1981.

Haack, Friedrich-Wilhelm: Europas neue Religion. Sekten – Gurus – Satanskult, Freiburg 1993.

Hageböck, Michael: Endzeit; in: Roland Bubik (Hrsg.), Wir '89er. Wer wir sind und was wir wollen, Frankfurt am Main/Berlin 1995, S. 143 - 162.

Haudry, Jean: Die indoeuropäische Tradition als Wurzel unserer Identität; in: Pierre Krebs (Hrsg.), Mut zur Identität. Alternativen zum Prinzip der Gleichheit, Struckum 1988, S. 105 - 144.

Hauke, Frank: Der rote Faden; in: Roland Bubik (Hrsg.), Wir '89er. Wer wir sind und was wir wollen, Frankfurt am Main/Berlin 1995, S. 53 - 68.

Hunke, Sigrid: Europas andere Religion, Die Überwindung der religiösen Krise, Düsseldorf/Wien 1969.

Hunke, Sigrid: Das Ende des Zwiespalts. Zur Diagnose und Therapie einer kranken Gesellschaft, Bergisch Gladbach 1971.

Hunke, Sigrid: Glauben und Wissen. Die Einheit europäischer Religion und Naturwissenschaft, Düsseldorf/Wien 1979.

Hunke, Sigrid: Kampf um Europas religiöse Identität; in: Pierre Krebs (Hrsg.), Mut zur Identität. Alternativen zum Prinzip der Gleichheit, Struckum 1988, S. 75 - 104.

Hunke, Sigrid: Europas eigene Religion. Die Überwindung der religiösen Krise, 2. überarbeitete Auflage, Tübingen 1997.

Krebs, Pierre (Hrsg.): Das unvergängliche Erbe. Alternativen zum Prinzip der Gleichheit, Tübingen 1981.

Krebs, Pierre: Gedanken zu einer kulturellen Wiedergeburt; in: Pierre Krebs (Hrsg.), Das unvergängliche Erbe. Alternativen zum Prinzip der Gleichheit, Tübingen 1981, S. 13 - 31.

Krebs, Pierre (Hrsg.): Mut zur Identität. Alternativen zum Prinzip der Gleichheit, Struckum 1988.

Krebs, Pierre: Unser inneres Reich; in: Pierre Krebs (Hrsg.), Mut zur Identität. Alternativen zum Prinzip der Gleichheit, Struckum 1988, S. 9 - 39.

Meier-Bergfeld, Peter: Deutschland und Österreich. Über das Hissen der schwarz-rot-goldenen Flagge in Wien; in: Heimo Schwilk/Ulrich Schacht (Hrsg.), Die selbstbewußte Nation. ‚Anschwellender Bocksgesang' und weitere Beiträge zu einer deutschen Debatte, Berlin/Frankfurt am Main 1994, S. 195 - 226.

Mohler, Armin: Die nominalistische Wende; ein Credo; in: Pierre Krebs (Hrsg.), Das unvergängliche Erbe. Alternativen zum Prinzip der Gleichheit, Tübingen 1981, S. 53 - 74.

Mohler, Armin: Vorwort; in: Alain de Benoist, Kulturrevolution von rechts. Gramsci und die Nouvelle Droite, Krefeld 1985, S. 9 - 12.

Mohler, Armin: Die konservative Revolution in Deutschland 1918 - 1932. Ein Handbuch, 3. erweiterte Auflage, Darmstadt 1989.

Schmitt, Carl: Die geistesgeschichtliche Lage des heutigen Parlamentarismus, 8. Auflage, Berlin 2002 (Nachdruck der 1926 erschienen 2. Auflage).

Schmitt, Carl: Der Begriff des Politischen. Text von 1932 mit einem Vorwort und drei Corollarien, 7. Auflage, Berlin 2002 (5. Nachdruck der Ausgabe von 1963).

Schwilk, Heimo / Schacht, Ulrich (Hrsg.): Die selbstbewußte Nation. ‚Anschwellender Bocksgesang' und weitere Beiträge zu einer deutschen Debatte, Berlin/Frankfurt am Main 1994.

Weißmann, Karlheinz: Rückruf in die Geschichte. Die deutsche Herausforderung: Alte Gefahren – Neue Chancen, 2. erweiterte Auflage, Berlin und Frankfurt am Main 1993.

Weißmann, Karlheinz: Druiden, Goden, Weise Frauen. Zurück zu Europas alten Göttern, 2. Auflage, Freiburg im Breisgau 1993.

Sekundärliteratur

Adorno, Theodor W.: Studien zum autoritären Charakter, Frankfurt am Main 1995.

Ahlheim, Klaus: Pädagogik mit beschränkter Haftung. Politische Bildung gegen Rechtsextremismus, Schwalbach/Ts. 2001.

Almond, Gabriel A. / Verba, Sidney: The Civic Culture. Political Attitudes and Democracy in Five Nations, Princeton 1963.

Backes, Uwe / Jesse, Eckhard: Politischer Extremismus in der Bundesrepublik Deutschland, vierte überarbeitete und aktualisierte Auflage, Bonn 1996.

Benthin, Rainer: Auf dem Weg in die Mitte. Öffentlichkeitsstrategien der Neuen Rechten, Frankfurt am Main 2004.

Benz, Wolfgang: Was ist Antisemitismus?, München 2004.

Berghoff, Peter: Das Phantasma der ‚kollektiven Identität' und die religiösen Dimensionen in den Vorstellungen von Volk und Nation; in: Stefanie von Schnurbein/Justus H. Ulbricht (Hrsg.), Völkische Religion und Krisen der Moderne. Entwürfe ‚arteigener' Glaubenssysteme seit der Jahrhundertwende, Würzburg 2001, S. 56 - 74.

Böhm, Michael: Die ‚Nouvelle Droite' in Frankreich und das Problem der Konservativen Revolution, Berlin 2002 (Diplomarbeit am Fachbereich Politik- und Sozialwissenschaften der Freien Universität Berlin, Signatur der Arbeit in der Bibliothek des Otto-Suhr-Instituts: D.A. 6357).

Braun, Stephan / Hörsch, Daniel (Hrsg.): Rechte Netzwerke – eine Gefahr, Wiesbaden 2004.

Brauner-Orthen, Alice: Die Neue Rechte in Deutschland. Antidemokratische und rassistische Tendenzen, Opladen 2001 (Als Dissertation 1999 in Berlin unter dem Titel „Antidemokratische und antisemitische Tendenzen in der Neuen Rechten in Deutschland" erschienen).

Brinks, Jan Herman: Children of A New Fatherland. Germany's Post-War Right-Wing Politics, London 2000.

Brumlik, Micha: Geisteswissenschaftlicher Revisionismus – auch eine Verharmlosung des Nationalsozialismus; in: Richard Faber/Hajo Funke/Gerhard Schoenberner (Hrsg.), Rechtsextremismus. Ideologie und Gewalt, Berlin 1995, S. 178 – 188.

Bundesministerium des Innern (Hrsg.): Extremismus in Deutschland. Erscheinungsformen und aktuelle Bestandsaufnahme, Berlin 2004.

Châtellier, Hildegard: Rasse und Religion bei Houston Stewart Chamberlain; in: Stefanie von Schnurbein/Justus H. Ulbricht (Hrsg.), Völkische Religion und Krisen der Moderne. Entwürfe ‚arteigener' Glaubenssysteme seit der Jahrhundertwende, Würzburg 2001, S. 184 - 207.

Diedrichsen, Diedrich: Der Anarch, der Solitär und die Revolte. Rechte Poststrukturalismus-Rezeption in der BRD; in: Richard Faber/Hajo Funke/Gerhard Schoenberner (Hrsg.), Rechtsextremismus. Ideologie und Gewalt, Berlin 1995, S. 241 – 258.

Dietzsch, Martin / Jäger, Siegfried / Kellershohn, Helmut / Schobert, Alfred: Nation statt Demokratie. Sein und Design der „Jungen Freiheit", Duisburg 2002.

Faber, Richard / Funke, Hajo / Schoenberner, Gerhard (Hrsg.): Rechtsextremismus. Ideologie und Gewalt, Berlin 1995.

Feit, Margret: Die ‚Neue Rechte' in der Bundesrepublik. Organisation – Ideologie – Strategie, Frankfurt am Main/New York 1987.

Ferse, Hartmut: Die Neuen Rechten – Herausforderungen für den Rechtsstaat. Essay aus der Sicht eines Verfassungsschützers; in: Wolfgang Gessenharter/Helmut Fröchling (Hrsg.), Rechtsextremismus und Neue Rechte in Deutschland. Neuvermessung eines politisch-ideologischen Raumes?, Opladen 1998, S. 107 - 117.

Fetscher, Iring (Hrsg.): Neokonservative und ‚Neue Rechte'. Der Angriff gegen Sozialstaat und liberale Demokratie in den Vereinigten Staaten, Westeuropa und der Bundesrepublik, München 1983.

Funke, Hajo: Brandstifter. Deutschland zwischen Demokratie und völkischem Nationalismus, Göttingen 1993.

Funke, Hajo: Rechtsextremismus – Zeitgeist, Politik und Gewalt. Eine Zwischenbilanz; in: Richard Faber/Hajo Funke/Gerhard Schoenberner (Hrsg.), Rechtsextremismus. Ideologie und Gewalt, Berlin 1995, S. 14 – 51.

Funke, Hajo: Paranoia und Politik. Rechtsextremismus in der Berliner Republik, Berlin 2002.

Gablentz, Otto Heinrich von der: Einführung in die Politische Wissenschaft, Köln/Opladen 1965.

Gessenharter, Wolfgang: Kippt die Republik? Die Neue Rechte und ihre Unterstützung durch Politik und Medien, München 1994.

Gessenharter, Wolfgang: Rechtsextremismus und Neue Rechte in Deutschland – Gefahren für die Republik?; in: Gegenwartskunde. Zeitschrift für Gesellschaft, Wirtschaft, Politik und Bildung, 4/1994, S. 419 - 430.

Gessenharter, Wolfgang: Neue radikale Rechte, intellektuelle Neue Rechte und Rechtsextremismus: Zur theoretischen und empirischen Neuvermessung eines politisch-ideologischen Raumes; in: Wolfgang Gessenharter/Helmut Fröchling (Hrsg.), Rechtsextremismus und Neue Rechte in Deutschland. Neuvermessung eines politisch ideologischen Raumes?, Opladen 1998, S. 25 - 66.

Gessenharter, Wolfgang: Die intellektuelle Neue Rechte und die neue radikale Rechte in Deutschland; in: Aus Politik und Zeitgeschichte, B9 – 10/1998, S. 20 - 26.

Gessenharter, Wolfgang: Intellektuelle Strömungen und Vordenker in der deutschen Neuen Radikalen Rechten; in: Thomas Grumke/Bernd Wagner (Hrsg.), Handbuch Rechtsradikalismus. Personen – Organisationen – Netzwerke vom Neonazismus bis in die Mitte der Gesellschaft, Opladen 2002, S. 189 - 201.

Gessenharter, Wolfgang: Im Spannungsfeld. Intellektuelle Neue Rechte und demokratische Verfassung; in: Wolfgang Gessenharter/Thomas Pfeiffer (Hrsg.), Die Neue Rechte – eine Gefahr für die Demokratie?, Wiesbaden 2004, S. 31 - 49.

Gessenharter, Wolfgang: Die Neue intellektuelle Rechte und ihre Unterstützung durch Politik und Medien; in: Stephan Braun/Daniel Hörsch (Hrsg.), Rechte Netzwerke – eine Gefahr, Wiesbaden 2004, S. 17 - 25.

Gessenharter, Wolfgang / Fröchling, Helmut (Hrsg.): Rechtsextremismus und Neue Rechte in Deutschland. Neuvermessung eines politisch-ideologischen Raumes?, Opladen 1998.

Gessenharter, Wolfgang / Pfeiffer, Thomas (Hrsg.): Die Neue Rechte – Eine Gefahr für die Demokratie?, Wiesbaden 2004.

Greß, Franz / Jaschke, Hans-Gerd / Schönekäs, Klaus: Neue Rechte und Rechtsextremismus in Europa. Bundesrepublik, Frankreich, Großbritannien, Opladen 1990.

Grumke, Thomas: Rechtsextreme Vordenker: Diskursbestimmende Organisationen und Personen des deutschen Rechtsextremismus; in: Zentrum Demokratische Kultur (Hrsg.), Volksgemeinschaft gegen McWorld. Rechtsintellektuelle Diskurse zu Globalisierung, Nation und Kultur, Bulletin – Schriftenreihe des Zentrum Demokratische Kultur 3/2003 Berlin 2003, S. 5 - 16.

Grumke, Thomas / Wagner, Bernd (Hrsg.): Handbuch Rechtsradikalismus. Personen – Organisationen – Netzwerke vom Neonazismus bis in die Mitte der Gesellschaft, Opladen 2002.

Heitmeyer, Wilhelm (Hrsg.): Deutsche Zustände Folge 3, Frankfurt am Main 2005.

Heitmeyer, Wilhelm: Gruppenbezogene Menschenfeindlichkeit. Die theoretische Konzeption und empirische Ergebnisse aus den Jahren 2002, 2003 und 2004; in: Wilhelm Heitmeyer (Hrsg.), Deutsche Zustände Folge 3, Frankfurt am Main 2005, S. 13 - 36.

Heller, Friedrich Paul / Maegerle, Anton: Thule. Vom völkischen Okkultismus bis zur Neuen Rechten, 2. Auflage, Stuttgart 1998.

Heller, Friedrich Paul / Maegerle, Anton: Die Sprache des Hasses. Rechtsextremismus und völkische Esoterik – Jan van Helsing, Horst Mahler..., Stuttgart 2001.

Heyder, Aribert / Iser, Julia / Schmidt, Peter: Israelkritik oder Antisemitismus? Meinungsbildung zwischen Öffentlichkeit, Medien und Tabus; in: Wilhelm Heitmeyer (Hrsg.), Deutsche Zustände Folge 3, Frankfurt am Main 2005, S. 144 - 165.

Horkheimer, Max / Adorno, Theodor W.: Dialektik der Aufklärung. Philosophische Fragmente, 15. Auflage, Frankfurt am Main 2004.

Hundseder, Franziska: Wotans Jünger. Neuheidnische Gruppen zwischen Esoterik und Rechtsradikalismus, München 1998.

Innenministerium des Landes Nordrhein-Westfalen (Hrsg.): Die Kultur als Machtfrage. Die Neue Rechte in Deutschland, Düsseldorf 2003.

Jäger, Margarete: Wie die Rechte Sprache prägt. Steilvorlagen von Rechtsaußen; in: Stephan Braun/Daniel Hörsch (Hrsg.), Rechte Netzwerke – eine Gefahr, Wiesbaden 2004, S. 45 - 56.

Jaschke, Hans-Gerd: Frankreich; in: Franz Greß/Hans-Gerd Jaschke/Klaus Schönekäs, Neue Rechte und Rechtsextremismus in Europa. Bundesrepublik, Frankreich, Großbritannien, Opladen 1990, S. 17 - 103.

Jesse, Eckhard: Formen des politischen Extremismus; in: Bundesministerium des Innern (Hrsg.), Extremismus in Deutschland. Erscheinungsformen und aktuelle Bestandsaufnahme, Berlin 2004, S. 7 - 24.

Kraushaar, Wolfgang: Radikalisierung der Mitte. Auf dem Weg zur Berliner Republik; in: Richard Faber/Hajo Funke/Gerhard Schoenberner (Hrsg.), Rechtsextremismus. Ideologie und Gewalt, Berlin 1995, S. 52 – 69.

Leggewie; Claus: Der Geist steht rechts. Ausflüge in die Denkfabriken der Wende, Berlin 1987.

Lenk, Kurt: ‚Volk und Staat'. Strukturwandel politischer Ideologien im 19. und 20. Jahrhundert, Stuttgart/Berlin/Köln/Mainz 1997.

Lenk, Kurt: Rechts wo die Mitte ist. Studien zur Ideologie: Rechtsextremismus, Nationalsozialismus, Konservatismus, Baden-Baden 1994.

Lenk, Kurt: Jugendlicher Rechtsextremismus als gesamtdeutsches Problem; in: Richard Faber/Hajo Funke/Gerhard Schoenberner (Hrsg.), Rechtsextremismus. Ideologie und Gewalt, Berlin 1995, S. 86 – 94.

Lenk, Kurt: Ideengeschichtliche Disposition rechtsextremen Denkens; in: Aus Politik und Zeitgeschichte, B 9 – 10/1998, S 13 - 19.

Lenk, Kurt / Meuter, Günter / Otten, Henrique Ricardo: Vordenker der Neuen Rechten, Frankfurt am Main/New York 1997.

Mantino, Susanne: Die ‚Neue Rechte' in der ‚Grauzone' zwischen Rechtsextremismus und Konservatismus. Eine systematische Analyse des Phänomens ‚Neue Rechte', Frankfurt am Main 1992.

Metzger, Hanna-Ruth: Rechtsintellektuelle Offensive. Diskursstrategische Einflüsse auf die politische Kultur der Bundesrepublik Deutschland, Münster 2004.

Minkenberg, Michael: Die neue radikale Rechte im Vergleich. USA, Frankreich, Deutschland, Opladen/Wiesbaden 1998.

Minkenberg, Michael: Die Erneuerung der radikalen Rechten in westlichen Demokratien: USA, Frankreich, Deutschland im Vergleich; in: Wolfgang Gessenharter/Helmut Fröchling (Hrsg.), Rechtsextremismus und Neue Rechte in Deutschland. Neuvermessung eines politisch-ideologischen Raumes?, Opladen 1998, S. 253 - 279.

Moreau, Patrick: Die neue Religion der Rasse. Der Biologismus und die kollektive Ethik der Neuen Rechten in Frankreich und Deutschland; in: Iring Fetscher (Hrsg.), Neokonservative und ‚Neue Rechte'. Der Angriff gegen Sozialstaat und liberale Demokratie in den Vereinigten Staaten, Westeuropa und der Bundesrepublik, München 1983, S. 117 - 162.

Mühlen, Patrick von zur: Rassenideologien. Geschichte und Hintergründe, Berlin/Bonn/Bad Godesberg 1977.

Nanko, Ulrich: Das Spektrum völkisch-religiöser Organisationen von der Jahrhundertwende bis ins „Dritte Reich"; in: Stefanie von Schnurbein/Justus H. Ulbricht (Hrsg.), Völkische Religion und Krisen der Moderne. Entwürfe ‚arteigener' Glaubenssysteme seit der Jahrhundertwende, Würzburg 2001, S. 208 - 226.

Neaman, Elliot: Ernst Jüngers Wirkung auf die neue Rechte. Zur Aktualität der ‚Konservativen Revolution'; in: Richard Faber/Hajo Funke/Gerhard Schoenberner (Hrsg.), Rechtsextremismus. Ideologie und Gewalt, Berlin 1995, S. 259 – 268.

Neaman, Elliot Y.: A Dubious Past. Ernst Jünger and the Politics of Literature after Nazism, Berkeley/Los Angeles/London 1999.

Neugebauer, Gero: Extremismus – Rechtsextremismus – Linksextremismus: Einige Anmerkungen zu Begriffen, Forschungskonzepten, Forschungsfragen und Forschungsergebnissen; in: Wilfried Schubarth/Richard Stöss (Hrsg.), Rechtsextremismus in der Bundesrepublik Deutschland. Eine Bilanz, Bonn 2000, S. 13 - 37.

Pfahl-Traughber, Armin: ‚Konservative Revolution' und ‚Neue Rechte'. Rechtsextremistische Intellektuelle gegen den demokratischen Verfassungsstaat, Opladen 1998.

Pfahl-Traughber, Armin: Die Erben der ‚Konservativen Revolution'. Zur Bedeutung, Definition und Ideologie der ‚Neuen Rechten'; in: Wolfgang Gessenharter/Helmut Fröchling (Hrsg.), Rechtsextremismus und Neue Rechte in Deutschland. Neuvermessung eines politisch-ideologischen Raumes?, Opladen 1998, S. 77 - 95.

Pfeiffer, Thomas: Für Volk und Vaterland. Das Mediennetz der Rechten – Presse, Musik, Internet, Berlin 2002.

Pfeiffer, Thomas: Avantgarde und Brücke. Die Neue Rechte aus Sicht des Verfassungsschutzes NRW; in: Wolfgang Gessenharter/Thomas Pfeiffer (Hrsg.), Die Neue Rechte – eine Gefahr für die Demokratie?, Wiesbaden 2004, S. 51 - 70.

Poliakov, Léon: Der arische Mythos. Zu den Quellen von Rassismus und Nationalismus, Hamburg 1993.

Puttkammer, Michael: „Jedes Abo eine konservative Revolution". Strategie und Leitlinien der ‚Jungen Freiheit'; in: Wolfgang Gessenharter/Thomas Pfeiffer (Hrsg.), Die Neue Rechte – eine Gefahr für die Demokratie?, Wiesbaden 2004, S. 211 - 220.

Rensmann, Lars: Demokratie und Judenbild. Antisemitismus in der politischen Kultur der Bundesrepublik Deutschland, Wiesbaden 2004 (1. durchgesehener Neudruck 2005).

Rucht, Dieter: Rechtsradikalismus aus der Perspektive der Bewegungsforschung; in: Thomas Grumke/Bernd Wagner (Hrsg.), Handbuch Rechtsradikalismus. Personen – Organisationen – Netzwerke vom Neonazismus bis in die Mitte der Gesellschaft, Opladen 2002, S. 75 - 86.

Saage, Richard: Neokonservatives Denken in der Bundesrepublik; in: Iring Fetscher (Hrsg.), Neokonservative und ‚Neue Rechte'. Der Angriff gegen Sozialstaat und liberale Demokratie in den Vereinigten Staaten, Westeuropa und der Bundesrepublik, München 1983, S. 66 - 116.

Schmidt, Friedemann: Die Neue Rechte und die Berliner Republik. Parallel laufende Wege im Normalisierungsdiskurs, Wiesbaden 2001.

Schnurbein, Stefanie von: Göttertrost in Wendezeiten. Neugermanisches Heidentum zwischen New Age und Rechtsradikalismus, München 1993.

Schnurbein, Stefanie von: Neugermanisch-heidnische Gruppierungen. Zwischen New Age und Rechtsextremismus; in: Richard Faber/Hajo Funke/Gerhard Schoenberner (Hrsg.), Rechtsextremismus. Ideologie und Gewalt, Berlin 1995, S. 204 – 220.

Schnurbein, Stefanie von / Ulbricht, Justus H. (Hrsg.): Völkische Religion und Krisen der Moderne. Entwürfe ‚arteigener' Glaubenssysteme seit der Jahrhundertwende, Würzburg 2001.

Schubarth, Wilfried / Stöss, Richard (Hrsg.): Rechtsextremismus in der Bundesrepublik Deutschland. Eine Bilanz, Bonn 2000.

See, Klaus von: Barbar, Germane, Arier. Die Suche nach der Identität der Deutschen, Heidelberg 1994.

Seidel-Pielen, Eberhard: Vom Judenhaß zum ‚Türkenproblem'. Politischer Umgang mit Rechts; in: Richard Faber/Hajo Funke/Gerhard Schoenberner (Hrsg.), Rechtsextremismus. Ideologie und Gewalt, Berlin 1995, S. 70 – 85.

Sontheimer, Kurt: Antidemokratisches Denken in der Weimarer Republik. Die politischen Ideen des deutschen Nationalismus zwischen 1918 und 1933. Studienausgabe mit einem Ergänzungsteil Antidemokratisches Denken in der Bundesrepublik, München 1968.

Sontheimer, Kurt: Deutschlands politische Kultur, 2. Auflage, München 1991.

Stöss, Richard: Rechtsextremismus im vereinten Deutschland, 3. überarbeitete Auflage, Berlin 2000.

Taguieff, Pierre-André: Die Macht des Vorurteils. Der Rassismus und sein Double, Hamburg 2000 (französische Originalausgabe bereits Paris 1988).

Wagner, Bernd: Kulturelle Subversion von rechts in Ost- und Westdeutschland: Zu rechtsextremen Entwicklungen und Strategien; in: Thomas Grumke/Bernd Wagner (Hrsg.), Handbuch Rechtsradikalismus. Personen – Organisationen – Netzwerke vom Neonazismus bis in die Mitte der Gesellschaft, Opladen 2002, S. 13 - 28.

Willms, Thomas: Armin Mohler. Von der CSU zum Neofaschismus, Köln 2004.

Wippermann, Jost: Die ‚Junge Freiheit'. Blockadebrecher der ‚Neuen Rechten'; in: Richard Faber/Hajo Funke/Gerhard Schoenberner (Hrsg.), Rechtsextremismus. Ideologie und Gewalt, Berlin 1995, S. 163 – 177.

Wölk, Volkmar: Natur und Mythos. Ökologiekonzeptionen der ‚Neuen' Rechten im Spannungsfeld zwischen Blut und Boden und New Age, Duisburg 1992.

Woods, Roger: Die selbstbewußte Nation. Von der Konservativen Revolution zur Neuen Rechten, Baden-Baden 2001.

Woods, Roger: Die Leiden der jungen Werte. Die Neue Rechte als Kultur und Politik; in: Wolfgang Gessenharter/Thomas Pfeiffer (Hrsg.), Die Neue Rechte – eine Gefahr für die Demokratie?, Wiesbaden 2004, S. 95 - 105.

Zentrum Demokratische Kultur (Hrsg.): Volksgemeinschaft gegen McWorld. Rechtsintellektuelle Diskurse zu Globalisierung, Nation und Kultur, Bulletin – Schriftenreihe des Zentrum Demokratische Kultur 3/2003, Berlin 2003.

Zernack, Julia: Germanische Altertumskunde, Skandinavistik und völkische Religiosität; in: Stefanie von Schnurbein/Justus H. Ulbricht (Hrsg.), Völkische Religion und Krisen der Moderne. Entwürfe ‚arteigener' Glaubenssysteme seit der Jahrhundertwende, Würzburg 2001, S. 227 - 253.

Anhang

1. Kurzbiographie Alain de Benoist
2. Kurzbiographie Sigrid Hunke

Benoist, Alain de[370]

Jahrgang 1943.

Früherer Deckname: Fabrice Laroche. Pseudonym: James Barney

Benoist, der Kopf der französischen "Nouvelle Droite", ist Herausgeber des Theorieorgans "Eléments", Chefredakteur der Zeitschriften "Nouvelle École" und "Krisis". Er ist Mitglied des wissenschaftlichen Beirats der "Neuen Anthropologie" und Preisträger der Académie française.

In den 70er Jahren gelang es dem rechtsextremen Intellektuellenzirkel um Benoist (GRECE) immer wieder, mit Beiträgen in der seriösen Tagespresse in Erscheinung zu treten. Als Student war Benoist Mitglied der "Fedération des Etudiants Nationalistes (FEN)", einer Nachfolgeorganisation der "Jeune Nation", die dem traditionellen Rechtsextremismus zuzurechnen ist. Er verfasste mehrere Artikel in der Zeitschrift der FEN, "Europe Action" und war ständiger Mitarbeiter von "Figaro Magazine" und "Valeurs actuelles". Er schrieb ferner für die "AFP-Informationen", "Deutschland in Geschichte und Gegenwart" sowie für die englischsprachige Zeitschrift "The Scorpion" von Michael Walker. In den Berichten des Bundesamtes für Verfassungsschutz wird Benoist als der führende Theoretiker der sogenannten "Neuen Rechten" in Frankreich erwähnt.

Benoist geht es um Metapolitik, d.h. um eine langfristig angelegte kulturelle Strategie. Nicht sonderlich an der Tagespolitik interessiert, will Benoist die "Kulturrevolution von rechts" und initiiert intellektuelle Kaderschmieden, aus denen die künftige geistige Elite hervorgehen soll. Es geht ihm um eine langfristige und systematische, auf schrittweise Normenveränderung angelegte Strategie zur Erringung "kultureller Hegemonie" zunächst an den Universitäten und in den Medien, um die notwendigen Voraussetzungen für einen Machterwerb zu schaffen. Er beruft sich auf Nietzsche und Ernst Jünger, auf den deutschen Staatsrechtler Carl Schmitt, aber auch den italienischen Marxisten Antonio Gramsci, bei dem er für die Entwicklung einer eigenen Theorie willkürlich jeweils passende Fragmente entlieh. Das ändert jedoch nichts an den rechtsradikalen Inhalten seiner Theorien, die von einer biologischen Determiniertheit ausgehen und sich von daher auch gegen den Gleichheitsgrundsatz der westlichen Demokratien wenden. Als feindliche Ideologie wird auch der bürgerliche Liberalismus verstanden, insbesondere die naturrechtlich begründeten Menschenrechte, d.h. der Individualismus, abgelehnt. Die Wissenschaftsdisziplinen Biologie und Verhaltensforschung sollen dafür die Begründung liefern. Neben der Durchführung von jährlichen Kongressen gibt es eine Reihe von publizistischen Aktivitäten, unter anderem die recht anspruchsvolle Zeitschrift "Nouvelle Ecole" (seit 1968). Zum Unterstützerkreis gehörten Arthur Koestler, David Irving, Konrad Lorenz und Armin Mohler. Für ein breiteres Publikum gedacht ist die Zeitschrift "Eléments" (seit 1973). Benoist veröffentlicht unter einer Vielzahl von Pseudonymen. Bekannt sind bisher die Namen Robert de Herte und Fabrice Laroche.

In seinem Buch "Europa, Dritte Welt - gleicher Kampf" (Robert Laffont 1986) propagiert er eine Politik des "Dritten Weges", welche "gleichbedeutend mit der Nicht-Paktgebundenheit

---

[370] Diese Kurzbiographie ist dem Informationsdienst gegen Rechtsextremismus (IDGR) entnommen: http://lexikon.idgr.de/b/b_e/benoist-alain/benoist-alain.php, eingesehen am 11. August 2005. Die Verfasserin dieses Artikels ist Margret Chatwin.

sei und Modell sowohl für die "Dritte Welt" wie für Europa. Der "Dritte Weg" bedeute, mit der Besessenheit von einer Wirtschaftsweise zu brechen, die der westlichen Ideologie eigen ist. Diese Strategie richte sich, so Benoist, nach dem Zerfall der kommunistischen Systeme vor allem gegen die verbliebene Supermacht USA.

Der Einfluß auf den deutschen Rechtsextremismus ist dennoch gering. Bei Grabert erschien 1981 der Band "Das unvergängliche Erbe. Alternativen zum Prinzip der Gleichheit", herausgegeben von Pierre Krebs. Pierre Krebs gründete dann auch in Anlehnung an GRECE das "Thule-Seminar", Arbeitskreis für die Erforschung und das Studium der europäischen Kultur. Außerdem bringt er deutsche Ausgaben der Zeitschrift "GRECE" heraus.

Die Neue Rechte in der Bundesrepublik hat wenig Gemeinsamkeiten mit der sehr theorieorientierten "Nouvelle Droite". Alain de Benoists Artikel erschienen allerdings regelmäßig im Thule-Netz und in der Jungen Freiheit. Ideologisch, aber auch freundschaftlich verbunden war Benoist mit Caspar von Schrenck-Notzing, vormals Herausgeber der Zeitschrift "Criticon". Auf Benoist und die "Nouvelle Droite" beruft sich aber auch Manfred Rouhs in der rechtsextremen und fremdenfeindlichen Publikation "Europa Vorn" (Nachfolgepublikationen: Signal, nation24.de). Teil dieser publizistischen Offensive ist es auch, die Schranken zwischen Konservativen, "Neuen Rechten" und Rechtsextremisten bewußt zu verwischen. Außerdem hat Benoist unter Pseudonym die Bände zur NS-Kunst bei Grabert veröffentlicht.

1992 unternahm Benoist zusammen mit dem belgischen Vordenker der "Nouvelle Droite", Robert Steuckers einen Besuch in Moskau.[1] Die finanzielle Unterstützung für diese westeuropäisch-russische nationalrevolutionäre Achse kam von dem vermögenden Jean Thiriart. Benoist und Steuckers sprachen unter anderem mit Alexander Prokhanov, der zum führenden Propagandisten einer russischen "rot-braunen" Bewegung wurde.

In seinen jüngeren Veröffentlichungen läßt Benoist zusehends nationalrevolutionäre Ansätze erkennen. Anläßlich des Beginns kriegerischer Handlungen durch die USA gegen den Irak nahm sein Anti-Amerikanismus[2] militante Formen an. In einem Aufruf vom 20. März 2003 schrieb er:

> Ab diesem Donnerstag, 20. März 2003, 2.32 morgens, ist jeder Akt von Vergeltungsmaßnahmen, gerichtet gegen amerikanische Interessen und auch amerikanische Personen, militärisch, politisch, diplomatisch und administrativ, an welchem Ort, wie weit und breit, mit welchen Mitteln, unter welchen Umständen auch immer, von nun an zugleich legitim und notwendig.[3]

Einen Tag nach der Veröffentlichung relativierte Benoist seine Aussagen jedoch mit dem Hinweis, terroristische Aktionen seien prinzipiell zu verurteilen.

Veröffentlichungen:

- Die entscheidenden Jahre. Zur Erkennung des Hauptfeindes, Grabert, Tübingen, 1982
- Demokratie - das Problem, Grabert, Tübingen, 1986
- Kulturrevolution von rechts. Gramsci und die Nouvelle Droite, Krefeld, 1985
- Heide sein zu einem neuen Anfang. Die europäische Glaubensalternative, Grabert, Tübingen, 1982
- Aus rechter Sicht
- End of the Left-Right Dichotomy: The French Case", Telos nr.102 (1995), 73-89.

MC

Anmerkungen:

1. Kevin Coogan: Dreamer of the Day, S.552
2. Dieser Anti-Amerikanismus entpuppt sich in seinen Veröffentlichungen meist als antiisraelische Argumentation, die zugleich von einer jüdischen Dominanz im Machtapparat der Vereinigten Staaten ausgeht. Ergänzt wird dies durch Ansätze einer Globalisierungskritik. Vgl. dazu Alain de Benoist: L'ennemi américain, Sept. 2001, *http://www.grece-fr.net/textes/adb2001_2.htm*
3. GRECE-Website: *http://www.grece-fr.net/actualites/usa2003b.htm*; Website "Die Kommenden" *http://www.die-kommenden.net/dk/artikel/erklaerung_benoist_irak.htm*, eingesehen am 25.3.03; s.a. Frank Jansen: Rechtsextrem, antiamerikanisch und gewaltbereit, Der Tagesspiegel, 26.3.03

Quellen:

- Astrid Lange: Was die Rechten lesen, München 1993
- Armin Pfahl-Traughber: "Konservative Revolution" und "Neue Rechte". Rechtsextremistische Intellektuelle gegen den demokratischen Verfassungsstaat. Leske+Budrich, Opladen, 1998
- Kevin Coogan: Dreamer of the Day.

Weiterführende Literatur:

- Armin Pfahl-Traughber: "Konservative Revolution" und "Neue Rechte". Rechtsextremistische Intellektuelle gegen den demokratischen Verfassungsstaat. Leske+Budrich, Opladen, 1998.
- Friedrich Paul Heller: Benoist und sein *Aufstand der Kulturen* (Buchbesprechung)

Erstellt: 07.01.00
Letzte Änderung: 26.03.03

Hunke, Sigrid[371]

Geb. am 26.4.1913 in Kiel, verst. 15.6.1999 in Hamburg.

Studiert Philosophie, Psychologie und Religionswissenschaft bei Heidegger, Spranger, Dürckheim, Clauß, bei dem sie 1941 promoviert. 1940-1941 schreibt sie für die Zeitschrift Germanien. Hunke lehnt das Christentum als "orientalisch" und daher "artfremd" ab und sucht nach europäischen, vorsokratischen Weltdeutungsmustern und germanischer Mystik. In den 50er Jahren tritt Hunke der "Deutschen Unitarier Religionsgemeinschaft" (DUR) bei. 1971-1983 ist sie Vizepräsidentin der DUR. Sie schreibt für die rechtsextreme Zeitschrift *Elemente*.

Hunke erhielt 1981 nach eigenen Angaben im Klappentext ihres Buches "Allah ist ganz anders" die "Kant-Plakette" (verliehen von der Deutschen Akademie für Bildung und Kultur in München). 1985 erhält sie den Schillerpreis des Deutschen Kulturwerkes europäischen Geistes (DKEG). Referentin bei der Artgemeinschaft. 1986 ist sie als ständige Mitarbeiterin des Thule-Seminars aufgeführt. Sie wird zur Ehrenpräsidentin der "Deutschen Unitarier" ernannt und steht bis zu ihrem Tode dem Kuratorium der Sigrid-Hunke-Gesellschaft vor. 1988 erhielt sie (ebenfalls nach ihren eigenen Angaben) die höchste Stufe des ägyptischen Ordens Pour le Mérite für Wissenschaft und Kunst.

Sigrid Hunke beeinflusste sehr stark den führenden Vertreter der Neuen Rechten, Alain de Benoist. Mit ihren Publikationen erreichte sie aber auch das bürgerliche Publikum.

Anläßlich ihres Ablebens im Juni 1999 erscheint ein Nachruf in der Ausgabe 3/99 der Zeitschrift Deutschland in Geschichte und Gegenwart.

Veröffentlichungen:

- Allahs Sonne über dem Abendland (1960)
- Das Reich ist tot - es lebe Europa (1965)
- Europas eigene Religion (1983)
- Vom Untergang des Abendlandes zum Aufgang Europas (1989)

MC

Quellen:

- Mecklenburg
- Bitzan, AN 17/1999

Erstellt: 07.01.00
Letzte Änderung: 06.08.01

---

[371] Diese Kurzbiographie ist dem Informationsdienst gegen Rechtsextremismus (IDGR) entnommen: http://lexikon.idgr.de/h/h_u/hunke-sigrid/hunke-sigrid.php, eingesehen am 11. August 2005. Die Verfasserin dieses Artikels ist Margret Chatwin.